Werner Gilde

Wege zum Erfolg

Werner Gilde

Wege zum Erfolg

Erfahrungen
Gedanken
Ratschläge

Mitteldeutscher Verlag
Halle · Leipzig

ISBN 3-354-00114-3

3. Auflage
Lizenz-Nr. 444-300/126/87 · 7009
Printed in the German Democratic Republic
Vignetten: Rolf F. Müller
Typografie: Peter Hartmann
Lichtsatz:
INTERDRUCK Graphischer Großbetrieb Leipzig – III/18/97
Druck und buchbinderische Weiterverarbeitung:
LVZ-Druckerei »Hermann Duncker«, Leipzig III/18/138
Best.-Nr. 639 184 4

00800

Wie dieses Buch entstand

Ohne die Tat ist Wissen wie ohne Honig
die Biene.
(Johann Gottfried Herder)

In diesem Buch schildere ich ein Stück meines Lebens. Nur ist die Form anders gewählt, als es sonst üblich ist. Auch habe ich mich auf ein bestimmtes Gebiet meiner Erinnerungen beschränkt.

Es lag nahe, meine Erlebnisse von 1945 bis nach 1980 in anekdotischer Form darzustellen. Gesehen, gehört, mitgemacht habe ich in dieser Zeit genug, um ein dickes Buch zu füllen. Es gäbe vieles, über das man heute schmunzeln oder den Kopf schütteln könnte, noch mehr, von dem man sagen könnte: Eigentlich waren wir doch ziemlich tüchtig. Zwar ist nicht alles so schnell und so gut gekommen, wie wir es uns mitunter erhofften. Aber was wir in den fünfunddreißig Jahren schafften, ist doch gewaltig.

Trotz dieser positiven Gesamtbilanz und meinen persönlichen Beziehungen dazu, habe ich mich nicht entschließen können, meine Erlebnisse als Autobiographie zu veröffentlichen. Dazu stecke ich noch zu tief in der Entwicklung. Manche Dinge, die vor mehr als zehn Jahren entstanden, zeigen erst jetzt ihre Wirkungen oder stellen sich als Fehlentscheidungen heraus. Auch wandelt sich die Einschätzung der Menschen, mit denen man zusammenarbeitete, im Laufe der Jahre. Erst bei genügendem Abstand bleibt sie unverändert.

Ich habe mich darauf beschränkt, meine Erfahrungen bei der Organisation der geistigen Arbeit zu beschreiben.

Wir entlassen jährlich Zehntausende Hoch- und Fachschüler aus der Ausbildung in die Industrie und in die Verwaltung. Die Erfahrung zeigt, daß diese Ingenieure, Wissenschaftler, Ökonomen, Juristen sich mühevoll die Regeln aneignen müssen, nach denen man Ideen erarbeitet und sie erfolgreich in Handlungen umsetzt. Wer dabei Pech hat und in einen Betrieb oder eine Verwaltung kommt, wo kein gutes geistiges Klima herrscht, lernt schöpferisches Denken erst spät oder – im schlimmsten Fall – nie.

Gern hätte ich das, was ich in diesem Buch schreibe, wissenschaftlich fundiert. Leider fehlt mir die dazu notwendige Ausbildung. Es handelt sich also nur um eigene Erfahrungen und um solche, die ich bei anderen Leuten unmittelbar oder aus ihren Büchern übernommen und ausprobiert habe. Ferner habe ich meine eigenen Mißerfolge bei der Nichtbeachtung bestimmter Regeln verarbeitet, und schlechte Beispiele anderer Leute sind auch beschrieben.

Die Leitung von Menschen ist ein höchst komplizierter Vorgang, in dem ideologische Fragen den Vorrang haben (für wen leite ich?). Weiter spielen moralische Probleme eine Rolle (z.B.: Darf ein Leiter seine Mitarbeiter belügen, um einen guten Zweck zu erreichen?). Natürlich gehört auch die Organisation der geistigen Arbeit dazu (der eigenen und der fremden). Aber seine Gedanken muß jeder Mensch selbst ordnen, wenn er gut arbeiten will, das ist keine besondere Aufgabe eines Leiters.

Daher hoffe ich, daß diese Erfahrungen auch für Schüler, Studenten, Hausfrauen, Neuerer – kurz für alle, die denken wollen, nützlich sein können.

Vom Wirkungsgrad

Die Arbeit dehnt sich aus, bis sie die
zur Verfügung stehende Zeit ausfüllt.

In den Jahren um 1955 saß ich in einer Besprechung beim damaligen Minister für Maschinenbau, Heinrich Rau. Wir hatten uns die Köpfe heiß geredet über die Zukunft des Maschinenbaus und über die Entwicklung der Schweißtechnik und des Gießereiwesens. Der für die Gießereien verantwortliche Staatssekretär billigte der Schweißtechnik (die ich vertrat) überhaupt keine Zukunft zu. Er argumentierte: »Wir werden eine Massenproduktion entwickeln. In der Massenherstellung ist Gießen wirtschaftlicher als Schweißen.«

Ich stellte dem entgegen: »Geschweißte Teile sind

grundsätzlich leichter als gegossene. Dieser Vorteil wird sich gerade bei einer Massenproduktion auswirken.«

Schließlich kam ein Plan zustande, der sowohl dem Gießereiwesen als auch der Schweißtechnik Entwicklungsmöglichkeiten eröffnete, und wir erhielten jeder einen angemessenen Anteil der damals sehr geringen Investitionen. Dafür versprachen wir, was wir in den folgenden Jahren alles leisten wollten. Heinrich Rau faßte am Ende der Besprechung nochmals zusammen, und er schloß mit den Worten: »Wenn zehn Prozent von dem kommen, was hier versprochen wurde, dann bin ich schon zufrieden.«

Als erfahrener Funktionär wußte er um den Wirkungsgrad der geistigen Arbeit.

Wir wissen, daß jede Maschine einen Wirkungsgrad hat. Die gute alte Dampflokomotive begnügte sich mit 7 Prozent. Ein Dieselmotor erreicht hingegen 40 Prozent. Aber auch er verschwendet noch 60 Prozent des Treibstoffes.

Bei Maschinen läßt sich der Wirkungsgrad leicht bestimmen: als Quotient von abgegebener Energie und zugeführter Energie. Bei körperlicher Arbeit ist die praktische Messung schon schwieriger.

Wir führen unserem Körper eine bestimmte Energiemenge mit Nahrungsmitteln zu. Davon benötigen wir einen Teil, um unsere Körperfunktionen zu erhalten.

Den Rest wenden wir auf, um zu schaufeln, zu laufen, Gewichte zu heben oder sonst Energie zu verbrauchen. Ein Radfahrer, der mit einer Geschwindigkeit von 18 Kilometer/Stunde radelt, benötigt dazu eine Leistung von 130 Watt.

Ein Elektromotor leistet diese Arbeit für 1 Pfennig. Der Wirkungsgrad der körperlichen Arbeit als Dauerleistung liegt bei 10 Prozent, bezogen auf die verzehrte Nahrung. Aber wie ist der Wirkungsgrad der geistigen Arbeit zu bestimmen? Welchen Wirkungsgrad hat zum Beispiel die Arbeit, die ich in dieses Buch hineinstecke?

Am einfachsten wird das Problem am Beispiel der elektronischen Taschenrechner verständlich. Um den ersten seiner Art zu programmieren, daß 4 + 4 = 8 ist, war eine umfangreiche geistige Arbeit notwendig. Wenn der Programmierer die Aufgabe 4 + 4 nur einmal in seinem Leben benötigte, dann war der Wirkungsgrad (einerlei, wie er berechnet wird) außerordentlich gering. Es werden aber in der Welt jährlich über zehn Millionen Taschenrechner verkauft. Und alle Benutzer rechnen damit aufgrund der einmaligen (!) geistigen Arbeit des ersten Programmierers.

Nimmt man den Stundenaufwand der Entwicklung im Vergleich zu den eingesparten Stunden des Anwenders, so sieht man, wie wirkungsvoll geistige Arbeit sein kann, wenn sie sich »selbst abschafft«. Die Erfahrung zeigt:

- *Einmalige geistige Arbeit hat meistens keinen hohen Wirkungsgrad. Wir brauchen uns aber deshalb nicht zu schämen, die Dampflok hatte auch keinen.*
- *Der Wirkungsgrad der geistigen Arbeit steigt, wenn ihre Wiederholung andere geistige oder mechanische Arbeit überflüssig macht.*

Daraus ergibt sich die Besonderheit der geistigen Arbeit gegenüber der körperlichen Arbeit. Damit ist kein Werturteil gefällt, welche Arbeit die »höhere« sei. Wohl aber ist das Ziel gegeben, ein Maximum an geistiger Arbeit in jede notwendige körperliche mit einfließen zu lassen.

Arbeit und Leistung

Skeptiker soll man nicht überzeugen –
man muß sie überholen.

Ich besuche öfters einen Betrieb, in dem Deckel auf Behälter geschweißt werden. Die Behälter wiegen etwa 5 Kilogramm, der Deckel fast 1 Kilogramm. Behälter und Deckel werden getrennt in Paletten an den Arbeitsplatz des Schweißers gefahren. Dort nimmt der Arbeiter einen Behälter, spannt ihn in eine Vorrichtung, nimmt dann einen Deckel, legt ihn auf den Behälter, setzt sich vor die Vorrichtung und beginnt zu schweißen. Ursprünglich schaffte ein Mann drei Behälter in der Stunde. Davon entfielen etwa 45 Minuten auf die Schweißzeit und 15 Minuten auf Einlegearbeit, Vorbereitung und Pausen.

Eines Tages wurde ein Schweißautomat aufgestellt. Der Schweißer brauchte nur noch neben dem Automaten zu stehen. In einer Stunde schweißt das Gerät sechs Behälter. Aber der

Schweißer blieb unzufrieden. Zwar mußte er nicht mehr selbst schweißen, aber er hatte alle 10 Minuten einen 6 Kilogramm schweren fertigen Behälter abzulegen und mußte 6 Kilogramm für den ungeschweißten Behälter und den Deckel in die Vorrichtung einspannen. Statt ursprünglich 6 × 6 kg bei der Handschweißung, mußte er nun 12 × 6 kg in der Stunde bewegen. Daraufhin schlug ein Neuerer vor, die ungeschweißten Behälter und die Deckel auf Rollbahnen an den Automaten heranzuführen und den fertigen Behälter auf einer Rollbahn ablaufen zu lassen.

Nun wurden stündlich 8 Behälter fertig, und der Schweißer war zufrieden.

An diesem Beispiel kann man erkennen, wie sauber man Arbeit und Leistung auseinanderhalten muß. Betrachten wir nur den Arbeiter, so sehen wir, wie durch die Einführung des Automaten seine Arbeit (Kraft, um die Behälter zu bewegen mal Zahl der Behälter mal Weg) steigt. Gleichzeitig wächst seine Leistung. Diese kann aber zweifach berechnet werden. Entweder Kraft mal Zahl mal Weg der Behälter durch Zeit (so rechnet der Arbeiter) oder Zahl der Behälter durch Zeit (so rechnet der Rationalisator).

Durch die Einführung der Rollbahnen fällt das Heben der Behälter weg, also auch die Arbeit und die Leistung des Arbeiters auf diesem Gebiet. Dafür steigt die Leistungsrechnung des Rationalisators (Zahl der Behälter durch Zeit) weiter an.

– *Die Leistung soll ansteigen, aber die (körperliche) Arbeit gleichzeitig geringer werden.*

Der Erfolg wurde erreicht, weil jemand über das Problem nachdachte und die Umstände danach veränderte.

Bei der mechanischen Arbeit (Kraft mal Weg) ist das einleuchtend. Bei der »Arbeit aus der Steckdose« müssen die meisten von uns einen Augenblick nachdenken. Wir kaufen die Arbeit in Kilowattstunden vom Elektrizitätswerk, und unser Motor bringt damit eine Leistung von 10 oder 50 Kilowatt.

An der Tankstelle kaufen wir Treibstoff, der eine bestimmte Wärmemenge in Joule enthält ($1\,J = 0{,}28 \times 10^{-6}\,kWh$).

Wir kaufen also Arbeit. Und damit leistet unser Trabbimotor 26 PS = 19 KJ.

– *Im Begriff Leistung steckt immer der Begriff »je Zeiteinheit«.*

Daher spricht Marx auch von der Ökonomie der Zeit. Der Maßstab, der bei der körperlichen Arbeit und bei Maschinen selbstverständlich ist, wird aber von vielen Leuten bei der Beurteilung der geistigen Arbeit nicht angelegt. In Beurteilungen steht oft: Er (oder sie) ist fleißig.

Was ist fleißig?

– *Wer in weniger Zeit mehr schafft als andere (was es auch immer sei), ist auch fleißiger, vorausgesetzt er schafft es als Dauerleistung.*

Strittig ist nun wieder der Begriff Dauerleistung.

Alexandre Dumas (berühmt durch den »Grafen von Monte Christo« und die »Drei Musketiere«) gab den Rat: Schreibe jeden Tag eine Seite, dann hast du am Jahresende 365 Seiten. Das ist jedes Jahr ein Roman.

Seine Bücher sind auch nach Metern zu zählen. Jemand, der als Dauerleistung alle Jahre ein Buch abliefert, erscheint uns fleißig. Jemand der täglich eine Seite schreibt, gerät schnell in den Verdacht, faul zu sein.

– *Geistige Arbeit muß unter verschiedenen Gesichtspunkten bewertet werden.*

Die Ausarbeitung einer Patentschrift kann sich über Wochen erstrecken, sie kann aber auch das Produkt weniger Stunden sein.

Vielleicht machen wir uns nochmals das Beispiel mit dem Taschenrechner klar. Selbst wenn der erste Programmierer doppelt so lange programmiert hätte, wie er hat, wäre das Nutzensergebnis kaum anders, weil viele Millionen seine Arbeit nutzen.

Wir werden wegen der Kompliziertheit der Bewertung geistiger Arbeit noch einige Male in diesem Buch darauf eingehen. Es werden von Zeit zu Zeit auch Versuche gemacht, Formeln für die Bewertung einzuführen und möglichst das Gehalt an solche Formeln zu binden.

Ich halte nicht viel davon.

– *Mir erschien es immer besser, eine Liste mit verschiedenen Gesichtspunkten aufzustellen, nach der die Leistung beurteilt wird.*

Keine Zeit – keine Zeit

Zeit ist kein Problem. Das Problem ist,
was wir mit der Zeit anfangen.

Die meisten Menschen klagen über Zeitmangel. Sie fühlen sich von Terminen gehetzt, (und was noch schlimmer ist) auch nach der betrieblichen Arbeit. Der frühzeitige Herzinfarkt scheint den Zeitdruck zu bestätigen.

Zuerst einmal müssen wir uns an die Binsenwahrheit erinnern, daß der Tag für alle nur 24 Stunden hat. Davon kann man

– *als Dauerleistung etwa 10 Stunden tätig sein. Geistig sehr anstrengende Dauerleistung wird selten jemand länger als 4 Stunden durchhalten, ohne nach einiger Zeit zusammenzubrechen.*

Falls hier ein Leser widerspricht, verweise ich auf spätere Abschnitte, in denen ich beschreibe, wie man arbeiten kann, ohne viel zu leisten, und trotzdem den Eindruck hat, man sei ernsthaft tätig gewesen.

– *Wir können nicht die Zeit verändern, sondern nur die Arbeit, um mehr zu leisten.*

Die Redensart: Wenn ich Zeit hätte, dann würde ich dies oder jenes tun, ist fast immer ein Selbstbetrug. Wer Zeit unbegrenzt zur Verfügung hat, tut meistens gar nichts. Auf einsamen Inseln oder im Urlaub wird (falls überhaupt) nur das an geistigen Produkten erarbeitet, was bereits im Kopf fertig war und nur aufgeschrieben zu werden braucht.

Es gibt nun viele Möglichkeiten, in kürzerer Zeit mehr zu tun.

Als junger Ingenieur arbeitete ich auf der Maxhütte in Unterwellenborn. Eines Tages hatte ich eine Sache mit dem Technischen Direktor, Professor Sedlaczek, zu besprechen. Er hörte sich den Anfang meiner Wünsche an. Dann unterbrach er mich: »Wissen Sie was, wir gehen einmal durch das Stahlwerk, und dabei erzählen Sie mir Ihr Anliegen.«

Beim Verlassen seines Zimmers wies er seine Sekretärin an: »Um elf Uhr schicken Sie mir bitte Oberingenieur Kaspar zum Hochofen, und um elf Uhr dreißig möchte ich Doktor Eichel an der Walzstraße treffen.«

Später habe ich überlegt, was Sedlaczek mit drei Sätzen alles regelte:

1. Er gab mir zu verstehen, wieviel Zeit er für mich habe (bis 11 Uhr).
2. Er legte seinen Weg durch die Hütte für rund

eineinhalb Stunden fest und war daher immer für sein Sekretariat zu erreichen.

3. Er erledigte drei Gespräche mit Ingenieuren.
4. Er besichtigte gleichzeitig drei Abteilungen der Hütte.
5. Er kam aus seinem Zimmer heraus und konnte ungestört von Telefonaten und »eiligen Unterschriften« arbeiten.
6. Die Arbeiter in der Hütte sahen »ihren Direktor« und konnten ihn direkt ansprechen.
7. Er verschaffte sich Bewegung (das beste Mittel gegen Kreislaufbeschwerden).
8. Am nächsten Morgen wertete er aus, was ihm bei dem Gang durch das Werk aufgefallen war.
9. Er zwang seine Mitarbeiter, sich ebenfalls zu bewegen und durch das Werk zu gehen.

Als zehnten Punkt muß ich noch angeben, daß er mir eine Lehre für mein ganzes Leben erteilte, wie man vom Schreibtisch fortkommt, seine Zeit einteilt und vor allem mindestens zwei Dinge gleichzeitg erledigt.

Das umgekehrte Parkinsonsche Gesetz

Wir halten uns an das Wort,
daß dem Pessimisten die Zukunft gewiß,
dem Optimisten dagegen ungewiß sei.

Etwa 1960 bezog der umstrittene englische Ökonom den Zusammenhang zwischen Arbeit und Zeitaufwand auf das Anwachsen der Bürokratie. Er schrieb einige Bücher darüber. Unter anderem behauptete er, die Zeit, die für eine geistige Arbeit aufgewendet wird, sei beliebig dehnbar. Im allgemeinen werde soviel Zeit verbraucht, wie zur Verfügung stehe, ganz unabhängig davon, wie umfangreich die Arbeit sei.

Die letzte der beiden Behauptungen stimmt wohl nicht unbedingt. Aber im Prinzip hat er doch richtig beobachtet. Ausarbeitungen werden tatsächlich in vielen Fällen erst kurz vor dem Schlußtermin fertig, selbst wenn noch so früh bekannt war, daß sie gemacht werden müssen. Natürlich hat der Verfasser stets eine Entschuldigung für die Terminschwierigkeiten. Wenn man aber ernsthaft nachprüft (am einfachsten bei sich selbst), stellt man fest, daß für die Zusammenstellung auf 6 oder auf 60 Seiten, gerechnet vom Auftragstermin, viel mehr Zeit gebraucht wurde, als notwendig war. Am besten wird es einem klar, wenn man fragt: Wieviel Seiten hätten jeden Tag geschrieben werden müssen, wenn die Ausarbeitung gleichmäßig auf die zur Verfügung stehende Zeit verteilt worden wäre? Wir kommen also wieder auf den Ratschlag von Alexandre Dumas aus dem Abschnitt »Arbeit und Leistung« zurück.

Es sei nun keine Böswilligkeit oder Faulheit, daß die Terminschwierigkeiten eintreten. Im Gegenteil! Die Bearbeiter hätten ihrer Meinung nach angestrengt gearbeitet und ihr Bestes getan.

Auch nach unserer Auffassung haben sie gearbeitet, aber sie haben nichts oder nur wenig geleistet.

So interessant diese Ausführungen über die Dehnbarkeit des Zeitaufwandes für eine Arbeit auch sind, sie bringen uns nicht weiter. Es nützt wenig, zu wissen, *warum* eine Sache nicht fertig ist. Wir wollen, daß jede Aufgabe, zumindest von uns selbst, schnell und gut gelöst wird.

Daher drehen wir das angewandte Prinzip um und sagen:

- *Die Zeit zur Lösung einer geistigen Arbeit läßt sich (innerhalb vernünftiger Grenzen) komprimieren.*
- *Das richtige Maß für den Zeitaufwand finden wir, wenn wir die Arbeit in kleine Schritte unterteilen (z. B. Seitenzahl) und hierfür die bestimmte Zeit festsetzen.*

In der industriellen Produktion wird seit langem der Zeitaufwand für die Herstellung eines Autos oder eines Kochtopfes so festgelegt. Es gibt keinen Grund (außer dem der Tradition), dieses Prinzip nicht auf die geistige Arbeit anzuwenden.

Als das Zentralinstitut für Schweißtechnik (ZIS) zehn Jahre bestand, hatte sich so viel Wissen angesammelt, daß wir daran denken konnten, Lizenzen im Ausland zu verkaufen. Dazu war es nötig, die Forschungsergebnisse durch Patente abzusichern. Das war durchaus nicht so selbstverständlich wie heute. Ich forderte damals von meinen Mitarbeitern 100 Patentanmeldungen im Jahr. Zuerst erntete ich ein leichtes Lächeln über meine Forderung. Dann unterteilte ich die Aufgabe in kleine Schritte:

1. Ist es zuviel verlangt, daß jeder Forscher oder jede Forschungsgruppe einmal jährlich eine neue patentwürdige Idee hat?

Auf diese Frage gibt es für jeden Ingenieur und Wissenschaftler, der seinen Beruf ernst nimmt, nur eine Antwort: Das ist zu schaffen!

Menschen sind aber im Erfinden von Ausreden erfinderischer als beim Finden neuer Ideen. Daher kam der nächste Einwand: Aber bedenken Sie den Zeitaufwand für das Ausarbeiten und Schreiben der Patente.

2. Patentschriften haben erfahrungsgemäß einen Umfang zwischen 4 und 10 Seiten. Glauben Sie, daß Sie täglich 2 Seiten schaffen? Dann beträgt der Zeitbedarf 2 bis 5 Tage.
   Das ist der Zeitbedarf für eine Dienstreise.

Seit dieser Zeit wurden vom ZIS über 1000 Erfindungen gemacht und im In- und Ausland angemeldet.

Übrigens, hier muß ich nochmals auf den vorhergehenden Abschnitt »Keine Zeit – keine Zeit« zurückkommen:

– *Wer forscht, kann auch ohne Mehraufwand erfinden.*
– *Wer einen Forschungsbericht schreibt, kann auch ohne geistigen Mehraufwand einen Fachartikel oder ein Buch über seine Ergebnisse schreiben oder einen Vortrag darüber ausarbeiten.*
– *Wer ein Forschungsergebnis in seinem Fach gefunden hat, kann ohne Mehraufwand prüfen, ob es sich auch auf anderen Gebieten anwenden läßt.*

Auf der Leipziger Messe 1980 führte das ZIS ein Gerät zum Mischen von Gasen vor. Für Schweißzwecke mußten Sauerstoff und Kohlendioxid gemischt werden. Es stellte sich dann heraus, daß die Hersteller von Treibhäusern seit langem ein solches Mischgerät suchten, um die Luft mit Kohlensäure anzureichern. Die Mediziner brauchten ebenfalls dringend ein solches Mischgerät für Narkosezwecke.

– *Durch das Anbieten eines Arbeitsergebnisses war die Leistung des Erfinders um ein mehrfaches gestiegen.*

Der Rat von Makarenko

Die Leute, die niemals Zeit haben,
tun am wenigsten.
(Georg Christoph Lichtenberg)

Der sowjetische Pädagoge Makarenko nahm sich nach dem Bürgerkrieg in der Sowjetunion der vielen elternlosen und verwahrlosten Kinder an, die sich entlang der Eisenbahnen herumtrieben. Nach Meinung vieler Zeitgenossen waren diese Jugendlichen kriminell und nicht erziehbar. Mit der Unterstützung des Leiters der Tscheka, F. Dzierzýnski, baute Makarenko Heime auf, in die er die Kinder aufnahm und mit möglichst wenig Zwang ausbildete.
In einem Saal dieser Heime hing eine Losung:

Wer? Wenn nicht du!
Wann? Wenn nicht sofort!

Nun sind bekanntlich viele Losungen die Farbe nicht wert, mit der sie geschrieben sind. Aber mir scheint, Makarenkos Spruch sollte nicht vergessen werden.

Uns beschäftigt in diesem Abschnitt besonders sein zweiter Teil.

Jeder, der mit Kindern umgeht, kann beobachten, daß sie alle eine tiefe Abneigung haben, etwas sofort zu tun. Wenn Hänschen oder Beate zum Essen gerufen werden oder ins Bett sollen, so sind stets mehrere Ermahnungen notwendig, bis sie sich endlich aufraffen, zu kommen. Man kann auch bei vielen Kindern (und bei manchen Erwachsenen) bemerken, wie sie sich einen Ruck geben müssen, um mit einer so einfachen Tätigkeit wie essen anzufangen.

Den meisten Erwachsenen fällt es schwer, eine Arbeit zu beginnen, besonders, wenn ihr Abgabetermin in weiter Ferne zu liegen scheint. Um sich zu beruhigen, verwenden sie einen einfachen Trick. »Ich fange an, wenn Kollege Müller einige fehlende Zahlen geliefert hat« – oder: »Ich warte nur noch auf besseres Wetter, um anzufangen.«

Wenn man nachprüft, wird man finden, daß das Wetter bereits vorgestern gut genug war, um mit der Arbeit zu beginnen. Die Zahlen von Müller machen garantiert weniger als ein Prozent der Ausarbeitung aus und können ohne Schwierigkeit nachgetragen werden oder ganz fortfallen.

Im ZIS gibt es den Grundsatz:

– *Mache dein Handeln nie davon abhängig, daß andere etwas vor dir tun müssen!*

Mit anderen Worten: Tue alles sofort!

Nun ist der Mensch schwach, wenn es sich um die Einhaltung guter Vorsätze handelt, und sehr erfinderisch in Ausreden (vor sich selbst), um etwas hinauszuschieben. Wenn man schon nicht sofort mit einer Arbeit anfangen kann oder will, ist es ratsam, sich öffentlich auf einen Anfangstermin festzulegen. Wer zu seinen Kollegen laut und deutlich sagt: »Morgen früh fange ich damit an«, beginnt auch am nächsten Morgen.

In Dokumenten und Plänen legen wir fast immer nur den Abschlußtermin fest. Beachten Sie aber, wie in den letzten Jahren die Bedeutung von Planungsverfahren (Methode des kritischen Weges und ähnlichem) gestiegen ist. In allen Fällen spielt hier der Beginn einer Arbeit eine entscheidende Rolle, um den Abschlußtermin zu garantieren. Auch dort, wo Terminabläufe auf Minuten oder Sekunden gesichert sein müssen, wird der Beginn genauso festgelegt wie der Abschluß. Das bekannteste Beispiel ist der Fahrplan. Jeder Reisende kann sich schnell überzeugen, wie sich die Ankunft verschiebt, wenn der Abfahrtstermin nicht eingehalten wird.

– *Plane immer Anfangs- und Abschlußtermin!*

Wer? Wenn nicht du!

Neunmal Pech mag neunmal Pech sein,
aber zehnmal Pech ist Schuld.
(Alfred Kerr)

Die Welt ist voller Fehler. Wenn wir noch Kind sind, fragen uns Lehrer und Eltern meistens Dinge, die wir nicht wissen, und belehren uns über Sachen, die uns nicht interessieren. Später setzen unsere Vorgesetzten dieses Spiel fort. Außerdem müssen wir dann Steuern bezahlen, in der

Einkaufshalle anstehen, auf den verspäteten Zug warten und viele andere Unannehmlichkeiten ertragen.

Manche von uns entwickeln dabei Humor. Andere werden zu Pessimisten. Alle aber schimpfen.

Zuerst einmal über das, was nicht funktioniert, dann über die, die nach unserer Meinung daran schuld sind.

Solange wir über Fehler, Schlamperei, Bürokratie und ähnliches unsere Meinung sagen, ist es gut. Sobald wir aber über die Verursacher reden, sollten wir vorsichtig sein und uns vorher genau erkundigen, ob wir auch die Richtigen kennen und nennen.

Man sagt scherzhaft, daß in der Kirche über die Sünder gepredigt wird, aber die gehen meist nicht in die Kirche und hören es daher nicht.

An diesem Scherz scheint etwas Wahres zu sein.

Am einfachsten, aber auch am sinnlosesten ist es, auf »die da oben« zu schimpfen. »Die da oben« kann alles sein, was zwischen Staatsrat und Briefträger liegt. Aber jeder Fehler wird von einem Menschen gemacht, der so ist wie du und ich. Er hat einen Namen und eine Adresse und (sogar gesetzlich festgelegt) eine Verantwortung. Nur wenn wir ihm direkt oder indirekt (z. B. über seinen Vorgesetzten) sagen, wie wir seine Tätigkeit einschätzen, weiß er, was wir von ihm halten.

– *Die Eingabenordnung hat einen tiefen Sinn und bietet viele Möglichkeiten, die Umwelt zu verändern.*

Nun sagen viele Leute: Auf mich hört man doch nicht. Ich bin viel zu klein!

Ich will mich über diesen Satz nicht streiten, obwohl ich ganz anderer Ansicht bin.

– *Fehler stellt man am schnellsten bei sich selbst ab.* Bevor man über eine Verspätung schimpft, nachdenken, ob man selbst immer pünktlich ist, und notfalls pünktlich werden!

Bevor man sich über das Schlangestehen ärgert, nachdenken, wann man zuletzt jemand warten ließ!

Unsere Städte sind teilweise schmutzig, weil die Straßenreinigung nicht nachkommt, aber die Zigarettenkippen und das Papier haben nicht die Kollegen von der Müllabfuhr hingeworfen.

Überall kommt es auf den eigenen Beitrag an, um etwas besser zu machen.

Martin Luther hat gesagt: »Und wenn ich wüßte, daß die Welt morgen untergeht, ich würde trotzdem heute noch einen Baum pflanzen.«

Was ist Zeit?

Keine Schlußfolgerung ist korrekter
als ihre Voraussetzung.

Um es vorweg zu sagen: Ich kann (und will) den Begriff Zeit nicht definieren. Überhaupt ist es fraglich, ob Definitionen immer einen Nutzen bringen. Natürlich ist es notwendig, genau zu umschreiben, was zum Beispiel fahrlässig ist oder

Diebstahl. Aber lohnt es sich, darüber nachzudenken, was der Automatisierungsgrad oder Zeit ist?

Um 1954 gründete die Regierung eine Anzahl von Zentralinstituten. Nach einer Tagung im ZK besprachen wir Direktoren untereinander die nächsten Aufgaben. Der Direktor des Zentralinstitutes für Automatisierung sagte, er wolle als erstes in einer umfassenden Diskussion genau festlegen, was unter Mechanisierung und Automatisierung zu verstehen sei.

Ich widersprach: Im Prinzip wisse jeder, was gemeint sei. Daher lohne sich der Zeitaufwand für diese Diskussion nicht. Vernünftiger wäre es, festzulegen, was in den nächsten Jahren erreicht werden solle.

Wir wurden uns damals nicht einig. Ich mußte den Vorwurf »unwissenschaftlich« einstecken. Aber – von allen damals gegründeten Zentralinstituten ist nur das ZIS geblieben.

- *Es hat sich immer wieder bewährt, zu sagen: Unter einem bestimmten Begriff wollen wir bis auf weiteres (in diesem Vortrag, in diesem Buch, ein Jahr lang oder bis uns etwas Besseres einfällt) das Folgende verstehen.*
- *Wir müssen auch immer daran denken, daß viele Begriffe doppeldeutig sind.*

Was Arbeit ist, definieren der Physiker und der Techniker ganz klar als Kraft mal Weg in Newton oder in Wattsekunden. Wenn Karl Marx aber der Frage nachgeht, ob der Lohnarbeiter seine Arbeit verkauft (z.B. ein Paar Schuhe) oder seine Arbeitskraft, dann entspricht der Ausdruck »Arbeitskraft«

dem technischen Begriff »Arbeit«. Bei Marx ist ganz klar, was er meinte.

Für mich war die Zeit immer etwas Unwiederbringliches. Wir können zwar die Länge, Breite und Höhe eines Raumes vor und zurück durchmessen. Aber die Zeit ist einsinnig, sie verläuft nur in einer Richtung. Daraus ergibt sich ihre besondere Bedeutung für die Leistung.

Übrigens weist Marx ja auch immer auf die Ökonomie der Zeit hin.

Friedrich Schiller hat das Zeitproblem gefühlsmäßig beschrieben:

> Dreifach ist der Schritt der Zeit:
> Zögernd kommt die Zukunft hergezogen,
> Pfeilschnell ist die Gegenwart entflogen,
> Ewig still steht die Vergangenheit.

Ordnung ist das halbe Leben?

Was ihn erstaunte, war, daß die Katzen genau dort zwei Löcher im Pelz haben, wo ihre Augen sitzen.

(Lichtenberg)

Oft wird im Zusammenhang mit Ordnung aus dem »Faust« zitiert:

Nutze die Zeit, sie rinnt so schnell von hinnen,
doch Ordnung hilft dir Zeit gewinnen.

Die meisten Menschen übersehen dabei, daß Mephisto diesen Ausspruch ironisch meinte. Nun ist Mephisto ohne Frage der Vertreter des berühmten gesunden Menschenverstandes, und niemand wird bestreiten, daß Ordnung notwendig ist. Nur, was ist in jedem einzelnen Fall Ordnung?

Im Film kommt manchmal ein »Bürokrat« vor, der zu Arbeitsbeginn seine Bleistifte spitzt und sie genau parallel zur Schreibtischkante legt. Solche Ordnung wird gern belächelt, doch gibt es eigentlich kein Argument dagegen. Wer mit parallelliegenden Bleistiften mehr leistet, soll sie so hinlegen.

– *Eine ganz andere Frage ist, wieviel Ordnung eigentlich benötigt wird.*

Wer dieses Problem näher untersucht, wird finden, daß wir unterscheiden müssen zwischen

– *Ordnung unter Sachen (Werkzeug am richtigen Platz),*

- *Ordnung in Abläufen technischer Vorgänge (vor dem Öffnen des elektrischen Gerätes den Netzstecker ziehen),*
- *Ordnung in Abläufen von Verwaltungsvorgängen (wieviel Durchschriften sollen von diesem Brief gemacht werden?).*

Nun gilt es als selbstverständlich, daß die Ordnung und Leistung technischer Vorgänge dauernd verbessert werden können. Der Gedanke, jährlich die Arbeitsproduktivität um einige Prozent zu heben, ist ein Grundsatz unserer Wirtschaft. Anders ist es mit den Verwaltungsvorgängen. Viele »Ordnungen« funktionieren hier nur, weil ihre Wirkungen nicht kontrolliert werden. Verlangen Sie einmal ordnungsgemäß die Einsicht in die Beförderungsbedingungen eines Verkehrsmittels (möglichst in der Hauptverkehrszeit). Oder verlangen Sie mittags gegen 13 Uhr in einem Restaurant Einsicht in die Preiskalkulation. Die entsprechende »Ordnung« gibt Ihnen das Recht zu diesen Forderungen.

Andere Ordnungen lassen sich nur mit viel Glück einhalten, weil sie sich (wegen ihres Umfanges) lediglich von Spezialisten übersehen lassen. Zur Zeit, in der dieses Buch geschrieben wird, hängt an den Postschaltern die 20. Durchführungsbestimmung zum Zollgesetz der DDR vom 14.6.1973 in der Fassung der 27. Durchführungsbestimmung zum Zollgesetz der DDR vom 13.9.1976 aus.

Am schwersten treffen uns aber Ordnungen, die mit Meldungen, Unterschriften und Statistiken verbunden sind, die also Arbeit (und Leistung) von uns fordern. Ich führe keine Beispiele an, weil jeder Leser ausreichend Erfahrung auf diesem Gebiet besitzt.

Aber man kann sich auch dagegen wehren.

- *Prüfen: Was passiert, wenn eine Meldung unterlassen wird?*
- *Ist die anfordernde Stelle überhaupt berechtigt, eine Meldung zu verlangen? (Denken Sie immer an den Hauptmann von Köpenick!)*
- *Trägt ein Fragebogen den Genehmigungsvermerk der Staatlichen Zentralverwaltung für Statistik? (Warum hat dieses Amt eigentlich einen so langen Namen?)*
- *Trifft die Meldungsanforderung überhaupt auf Sie zu?*

Wenn Sie den Eindruck haben, Sie müssen die Meldung, die Statistik oder den Bericht machen, dann:

- *Beantworten Sie nur, was ausdrücklich gefragt ist.*
- *Verschwenden Sie möglichst wenig Zeit für diese Arbeit.*
- *Prüfen Sie, ob ein Mitarbeiter diese Aufgabe nicht schneller, besser und billiger erledigen kann.*

Wenn es aber sein muß, fangen Sie sofort an, auch wenn der Abgabetermin noch in weiter Ferne liegt. In vielen Fällen werden Sie zu Ihrer Überraschung finden, daß Sie nur ein paar Minuten zum Fertigstellen benötigen. Aber selbst wenn Sie acht Stunden daran arbeiten: Sie sind anschließend den Druck los, eine unangenehme Arbeit machen zu müssen.

Papier kann geduldig sein

Vorschriften sind Spielregeln,
also kann man sie ändern.

Der Kampf mit der Bürokratie wird am schnellsten dort gewonnen, wo wir selbst von unseren Mitarbeitern wenig Geschriebenes verlangen. Auch verändert nicht das Schimpfen die Welt, sondern nur das eigene Handeln.

Als Institutsdirektor muß ich jährlich etwa 200 Forschungsberichte zur Kenntnis nehmen. Ich muß wissen, daß sie überhaupt gemacht wurden und welches wissenschaftliche oder technische Ergebnis sie nachwiesen. Ihr Umfang liegt zwischen 100 und 200 Seiten. Traditionsgemäß lieferten viele Forscher wahre schriftstellerische Meisterwerke ab, die ich wegen des Umfanges aber nicht recht zu schätzen wußte. Weiter waren fast alle Autoren bemüht, ihre aufgewandte Arbeit ins rechte Licht zu rücken. Es wimmelte nur so von Floskeln wie »nach umfangreichem Literaturstudium« oder »durch sorgfältige, systematische Versuche«.

Ich machte den Kollegen klar, daß ich an ihrer Arbeit nur wenig interessiert bin, dafür um so mehr an ihrer Leistung. Die Leistung drückt sich in diesem Fall am einfachsten in der Veränderung des bisherigen Zustandes und eventuell im Nutzen dieser Veränderung aus.
Daher wurde festgelegt:

- Die Kurzfassung muß alle Leistungsangaben enthalten.
- Sie wird aufgebaut nach dem Schema:
  Bisher ... (war folgender Zustand).
  Daher ... (habe ich den Zustand geändert).
  Das Ergebnis ist ... (daß irgend etwas besser wurde).
  Der Nutzen beträgt (Geld, Erkenntnis, neue Möglichkeiten).
- Ihr Umfang darf eine halbe Seite als Ergebnis ein- bis zweijähriger Arbeit nicht überschreiten.
- Im vollständigen Text des Berichtes stehen die Ergebnisse der Versuche usw. zum Nachschlagen für den Fachmann.

Seit über zwanzig Jahren bewährt sich dieses Schema. Es zwingt den Berichterstatter, in wenigen Zahlen und Worten zu sagen, was er geleistet hat.

– *Nur wer etwas leistet, kann das Ergebnis kurz angeben.*

Wer diesen Satz nicht glaubt, kann leicht mit sich selbst ein Experiment machen. Er braucht nur den folgenden Satz zu vervollständigen: Heute morgen habe ich ... (5 Seiten geschrieben, 100 Schrauben eingedreht, 30 Patienten behandelt, ein gutes Mittagessen gekocht).

Wer seine Tätigkeit innerhalb eines Zeitraumes nicht in ein oder zwei Zahlen angeben kann, die den Eindruck einer echten Leistung vermitteln, sollte sich überlegen, woran es liegt.

Für mich hat dieses System den großen Vorteil, daß ich jährlich 200 Forschungsergebnisse in meinem Gedächtnis speichern kann. Natürlich sehe ich mir auch den ausführlichen Text der Berichte an, wenn es mir notwendig erscheint. Aber das ist die Ausnahme.

Ja, aber …

Die meisten Menschen wissen viel genauer,
was sie nicht tun möchten,
als was sie tun müßten.

Spätestens beim vorigen Abschnitt werden die Leserinnen und Leser gedacht haben: Die Erfahrungen des Autors sind ganz interessant, aber bei mir ist alles ganz anders. Darum kann ich sie auf meine Probleme nicht anwenden.

Meine Erfahrungen mit Hunderten von Betrieben aller Art zeigen, daß eigentlich immer erst einmal »ja, aber« gedacht oder gesagt wird. Jeder glaubt, sein Betrieb, sein Meisterbereich, sein Labor oder seine Umstände seien ganz anders. Daher müßten die notwendigen Maßnahmen, falls es überhaupt brauchbare gäbe, auch ganz besonderer Art sein. Die Untersuchung solcher Behauptungen zeigten aber, daß alle Umstände zu 80 bis 90 Prozent gleich sind.

In jedem Betrieb werden Werte produziert. Das können Gegenstände wie Damenstrümpfe oder Schiffe sein. Es können aber auch Dienstleistungen sein, wie Müllabfuhr oder Wäsche waschen. Schließlich gibt es Situationen, in denen nur »Geist« produziert wird, zum Beispiel in einem Forschungsinstitut oder bei einem Rechtsanwalt.

Aber immer muß es Menschen geben, die darüber nachdenken (oder doch nachdenken sollten), wie die Schiffsbleche möglichst schnell die Werft als Schiff verlassen, wie die schmutzige Wäsche möglichst schnell gewaschen und gebügelt ausgeliefert wird oder wie ein Bürger möglichst schnell zu seinem Recht kommt. Die Denkmethoden unterscheiden sich nicht nennenswert voneinander, zumindest nicht in der Weise, daß man nicht die Erfahrungen des einen auf einen anderen Menschen anwenden könnte – falls er will!

– *Überall kann nach den gleichen Methoden gedacht werden.*

Die leitenden Mitarbeiter des ZIS besuchen monatlich gemeinsam Institutionen, die nichts mit Schweißtechnik zu tun haben, wie Wetterwarte, Schlachthof, Kaffeerösterei, Porzellanfabrik, sogar eine Windmühle wurde besichtigt. Natürlich erweitern solche Besuche erst einmal den allgemeinen Horizont. Dann fanden wir aber bei jedem Besuch irgendeine Sache, »die wir doch eigentlich übernehmen können«.

Wetterwarten speichern ihre Meßdaten in EDV-Anlagen. Im Schlachthof spielten die Hygiene und die Standardisierung eine Rolle. In Porzellanfabriken findet man Öfen und den Widerspruch zwischen Massenfertigung der Rohware und der Manufaktur der endgültigen Tassenherstellung. Windmühlen werden durch die Energiekrise wieder aktuell. Alle hier genannten Probleme finden wir auch in der Schweißtechnik, und stets konnten wir einige Erfahrungen übernehmen.

Vorbedingung ist nur, daß keiner von uns »negativ denkt«.

– *Denken Sie nie: Ja, aber (und dann weiter: warum Sie eine Erfahrung nicht nutzen können)!*
– *Denken Sie immer »positiv«: Warum eigentlich nicht?*

Die Sprachregelung in Forschungsberichten läßt sich fast überall anwenden. Von der Maxhütte kenne ich folgende Regelung bei der täglichen Morgenbesprechung:

Jeder Abteilungsleiter nannte seine Produktionszahlen und die Störungen.

Direktor:	Hochofen?
Hochofenchef:	Zwölfhundertelf Tonnen, Hochofen drei fünfundvierzig Minuten Störung.
Direktor:	Stahlwerk?
	usw.

In wenigen Minuten war der gesamte Hüttenbetrieb leistungsmäßig für den Direktor erfaßt. Er konnte sich dann den Abteilungen widmen, die größere Störungen meldeten. Die anderen Ingenieure gingen wieder in ihre Betriebe zurück. Ich hoffe, dies System besteht noch.

Sogar große Berichte und Bücher lassen sich mit solchen Regelungen in kurzer Zeit von vielen Menschen schreiben. Das beste Beispiel sind Lexika. Hier legt der Herausgeber genau fest, wie die Spezialisten den Text zu den einzelnen Stichworten aufbauen sollen.

Im ZIS schreiben über 100 Ingenieure je eine Seite Text zum Jahresbericht. Zentral wird nur die Zusammenfassung angefertigt. Dadurch entfällt die ganze »Zuarbeit«, die dann in einer Gruppe (z. B. der Planungsabteilung) gelesen, »verdichtet« und neu geschrieben werden muß. Für den Fachmann ist es eine Arbeit von wenigen Minuten oder Stunden, seinen Bericht in der gewünschten Weise abzuliefern oder ihn in einer bestimmten Form schreiben zu lassen. Natürlich muß man vorher berücksichtigen, daß der Investteil anders aussehen muß als der Bogen der Ausbildungsabteilung.

In allen Fällen handelt es sich jedoch um Zahlen.

Neben der Einsparung von Ingenieurtätigkeit und Schreibarbeit wird durch diese Form auch die Fehlerquote stark herabgesetzt, weil alle Mißverständnisse und Auslegungen wegfallen, die sonst bei der üblichen Bearbeitung von Meldungen passieren.

Der langen Rede kurzer Sinn

»Mein Freund kann für mich bürgen!« –
»Und woher wissen wir, daß er
vertrauenswürdig ist?« –
»Oh, das kann ich Ihnen versichern!«

Das Sprichwort von der langen Rede stammt von Friedrich Schiller und steht im »Wallenstein«.

Wenn eine Sentenz aus einem mehrteiligen Theaterstück zum Sprichwort wird, muß der Dichter genau den Punkt getroffen haben, auf den es ankommt. Vielleicht wäre es sogar ein echter Maßstab, Klassiker zu bewerten, indem man ihre geflügelten Worte zählt. Schillers Trilogie »Wallenstein« hat den deutschen Sprachschatz um mehr als 30 Redensarten bereichert.

Offensichtlich hängt die Qualität einer Rede nicht unbedingt von ihrer Länge ab, eine allgemeine Erfahrung. Kurt Tucholsky gab den schlechten Rednern Ratschläge, wie sie noch schlechter werden könnten. Das schlimme ist nur, daß einige Vortragende sich redlich Mühe geben, um immer schlechter zu werden.

Über technische und wissenschaftliche Probleme kann man in der Regel in zehn Minuten alles Notwendige sagen.

Diese zehn Minuten sind seit vielen Jahren die Standardredezeit im ZIS. Wer ohne Genehmigung länger redet, handelt sich Kritik ein oder muß sogar das Rednerpult verlassen.

Grundsatz ist auch hier:

- *Nicht Arbeit und Mühe sind für den Zuhörer interessant, sondern Leistung, Ergebnis und Nutzanwendung.*

Gut beraten ist, wer sich an Standardsätze hält:

- *Ich hatte die Aufgabe (etwas zu messen, ein Gerät zu bauen).*
- *Dabei fand ich (Zahlen, graphische Darstellung, Bild des Gerätes).*
- *Der Nutzen ist (Geld, Qualität, neues Wissen).*

Auf die übrigen Vorbedingungen für einen guten Vortrag wie Auftreten des Redners, Qualität der Diapositive usw. gehe ich hier nicht ein, weil sie nicht zum Thema dieses Buches gehören. Es gibt aber gute Bücher darüber, zum Beispiel »Mitdenken erwünscht« von Hannes Gutzer.

- *Kurze Reden ersparen dem Zuhörer Zeit.*
- *Kurze Reden werden leichter behalten als lange.*
- *Sprache und Bild geben den höchsten Wirkungsgrad.*

Wenn die Hörer nach einer Stunde oder nach

einem Jahr noch ein Zitat aus einer Rede behalten haben, ist das optimal. Mich erfüllt es immer mit Stolz, wenn sich jemand erinnert: »Vor fünf Jahren haben Sie gesagt ...«, selbst wenn ich den Satz nicht mehr weiß oder inzwischen anderer Ansicht geworden bin.

Dabei wird das Zitat in einem technischen Vortrag wohl selten so formvollendet ausfallen wie in einem Schillerschen Drama. Aber deshalb kann es trotzdem einprägsam sein.

Im Jahre 1901 sagte ein Hersteller von Motorrädern: »Wir haben uns entschlossen, für nervenstarke Fahrer ein starkes dreipferdiges Motorrad zu bauen, das sehr schnell ist. Aber man kann auch langsam damit fahren.«

Das prägt sich ein!

Übrigens wurde das Wort »Motorrad« im Jahre 1894 erfunden. Aus ZIS-Vorträgen stammen Worte wie ZIS-Spinne, zweite Automatisierungsstufe, Plastografie, die in die Literatur eingingen.

Sag was du willst – aber positiv

»Ich bin ja so froh, daß ich keinen Spargel mag«,
sagte ein kleines Mädchen zu ihrer
verständnisvoll lauschenden Freundin, »denn wenn
ich Spargel möchte, müßte ich ihn auch essen –
und ich kann Spargel einfach nicht ausstehen!«
(Lewis Carroll)

Zu den unangenehmen Dingen des menschlichen Lebens gehört es, in einen Rechtsstreit verwickelt zu sein. Juristen fragen, welche Paragraphen auf den betreffenden Fall angewendet werden können, während die unmittelbar Betroffenen mehr gefühlsmäßig an die Sache herangehen. Mitunter schwanken Richter und Staatsanwälte auch in ihrer Auffassung, besonders, wenn es um die Beurteilung von speziellen Sachfragen geht. Sie berufen dann Sachverständige, die sich dazu äußern müssen.

Vor einiger Zeit war ein Bekannter von mir in einen Patentstreit verwickelt. Patentfragen sind oft sehr kompliziert, weil dabei Begriffe wie Stand der Technik, Anleitung zum Handeln oder Blindheit der Fachwelt eine Rolle spielen. Diese und ähnliche Ausdrücke sind schwer zu definieren. Im Falle des Patentes meines Bekannten hatte ein Sachverständiger ein Gutachten angefertigt, in dem er den Patentanspruch in fast allen Punkten unterstützte. Aber eben nur in fast allen Punkten. In einigen war er abweichender Meinung, und es galt nun, ein Gegengutachten für das Gericht zu verfassen. Die Einzelheiten sind für dieses Buch ohne Belang. Wichtig ist für uns, daß im ersten Satz dieses Schriftstückes das Wörtchen »nicht« vorkam. Der Gutachter hatte einen Punkt nicht beachtet, er hatte ihn nicht richtig gewertet, man war nicht damit einverstanden.

Ich gab zu bedenken, wieviel klarer und wirkungsvoller die Gegenschrift sein würde, wenn die Übereinstimmung mit der eigenen Auffassung herausgestellt sei. Der erste Satz erhielt dann die Fassung: Der Gutachter hat ganz richtig erkannt, daß der entscheidende Punkt des Patentanspruches ... (so ausgelegt werden muß).

Es ist eine einfache Beobachtung, daß Menschen, die für etwas sind, mehr Erfolg haben als die, welche gegen eine Sache kämpfen.

- *Sei positiv im Denken, Reden und Handeln!*
- *Sei immer für etwas und nur selten dagegen!*
- *Betone immer, wofür du bist – wogegen du bist, merkt der Zuhörer meist von selbst!*

Es gibt auch ein starkes Argument für positives Denken. Die meisten Menschen können sich abstrakte Dinge nicht oder schwer vorstellen. Daher die allgemeine Abneigung gegen Mathematik und Grammatik. Und daher auch der Erfolg, wenn ein Vortrag mit guten (!) Diapositiven unterstützt wird.

Vor einigen Jahren wollte mir das Patentamt auf eine Idee kein Patent erteilen. Es handelte sich um den Vorschlag, Widerstandsschweißmaschinen nach bestimmten Gesichtspunkten in Baukasten-

form herzustellen. Der Prüfer beim Amt lehnte den Patentanspruch ab, weil die Idee naheliegend sei (es gibt viel Baukästen), die Erfindungshöhe sei gering (Maschinen aus Baukästen sind bekannt), und überhaupt sei das Ganze schon Stand der Technik.

Nach langem Schriftwechsel baute ich einige Modelle aus Holz und fuhr damit nach Berlin. Der Prüfer setzte nun aus den einzelnen Teilen die Maschine zusammen. Sofort hatte er begriffen, wo die Vorteile und das Neue des Baukastens lagen. Natürlich hatte ich (nach meiner Meinung) alles genau beschrieben und mit technischen Zeichnungen erklärt. Aber offensichtlich war das alles zu abstrakt. Die Modelle zeigten nun die Möglichkeiten zum Zusammenbau, und darauf kam es an. Durch ihre Beschränkung auf den wichtigsten Punkt wirkten sie so überzeugend. Hinzu kam, daß man sie anfassen und damit »spielen« konnte. Ein Modell ist zum Ansehen, zum Anfassen da und wirkt daher positiv und überzeugend.

– *Ein Bild wirkt mehr als 1000 Worte (chinesisches Sprichwort).*

Ein Beispiel für eine vorbildliche und überzeugende Ausdrucksweise ist für mich Schillers Ballade »Der Handschuh«. Erinnern Sie sich, der Anfang lautet:

Vor seinem Löwengarten,
Das Kampfspiel zu erwarten,
Saß König Franz.
Und um ihn die Großen der Krone.
Und rings auf hohem Balkone
Die Damen im schönen Kranz.

Wer saß da? . . . . König Franz.
Wo saß er? . . . . Vor seinem Löwengarten.
Was tat er? . . . . Er wartete.
Warum? . . . . Wegen des Kampfspiels.
Wer war sonst noch da? Sein Hofstaat.
Wo saßen sie? . . . . . Um ihn herum.
Wo saßen die Damen? . Auf dem Balkon.

Es ist kaum möglich, mehr Informationen über Person, Tätigkeit und Platzverteilung mit weniger Worten zu geben und gleichzeitig den Fortgang der Handlung zu sichern (der Balkon ist notwendig, damit der Handschuh herunterfallen kann).

Natürlich hätte Schiller die Ballade auch damit beginnen können, uns zu schildern, welch eine Person das Fräulein Kunigunde war, also mit einem höchst negativen Charakterbild. Würden wir dann heute den »Handschuh« überhaupt kennen?

Schade um die Arbeit

Was wird aus dem Loch,
wenn der Käse alle ist?
(Brecht)

Dieses Buch ist der geistigen Arbeit und ihrem Wirkungsgrad gewidmet. In diesem Zusammenhang muß ich auf den Kampf gegen das Rauchen eingehen.

Ärzte haben Millionen von Mark, Dollars, Franken, Yen und sonstigen Währungen verbraucht, um nachzuweisen, wie schädlich der Tabakqualm für die Lunge, die Arterien, den Kehlkopf usw. ist. Verhaltensforscher schreiben tiefgründige Analysen über Rauchergewohnheiten. In den meisten zivilisierten Staaten wird von Zeit zu Zeit mit großem Aufwand ein Feldzug gegen das Rauchen geführt. Zeitungen und Fernsehen berichten, wie ungesund Nikotin ist.

Wissenschaftliche Vereine halten Vortragsveranstaltungen ab.

Zeitweilig wird gebeten, an bestimmten Plätzen das Rauchen zu unterlassen.

Alle wichtigen Leute sind gegen das Rauchen, zumindest gegen das Rauchen anderer.

Aber noch nie gab es so viel Jugendliche mit Zigaretten im Mund wie im Augenblick. Ich kenne auch keinen Raucher, der aus medizinischen Gründen auf seine Zigaretten verzichtete.

Die Propaganda gegen den Tabakgenuß ist eines der treffendsten Beispiele für die Wirkungslosigkeit einer negativen Argumentation. Besser gesagt, sie ist ein Beispiel, wie schwer es selbst intelligenten Menschen fällt, den Wirkungsgrad ihrer geistigen Arbeit richtig einzuschätzen.

Seitdem Sir Walter Raleigh (1552–1618) mit seinen Matrosen des Rauchen in Europa einführte, wird dagegen gearbeitet – aber der Mißerfolg zeigt, daß nichts geleistet wurde.

Die Feststellung einer erhöhten Krebsgefahr ist negativ und völlig abstrakt. Welches Mädchen von sechzehn Jahren kann sich schon »eine erhöhte Wahrscheinlichkeit für einen Kehlkopfkrebs« vorstellen?

Aber sie kann sich vorstellen, daß sie mit Zigarette »schick« aussieht. Sie kann sogar messen, wieviel Leute sich nach ihr umsehen. Sie beobachtet im Film, wie der Held seiner Angebeteten eine Zigarette anbietet. Einfallslose Regisseure stellen den Zustand »Erregung« immer durch Rauchen dar.

Ich sah nie meine Aufgabe darin, einen Kampf für oder gegen die Nikotininhalation zu führen. Ich habe das Problem lediglich auf die Wirksamkeit der Propaganda hin untersucht und auf den Einfluß, den Raucher in Kollektiven auf die Leistung haben.

Raucher sind durch das Rauchen, einschließlich der Vorbereitung dazu, weitgehend ausgelastet. Sie haben das Gefühl, beschäftigt zu sein. Daher sind Sitzungen, in denen geraucht wird, immer länger als Nichtrauchersitzungen, das heißt, die Leistung ist geringer.

– *Rauchen verlängert Sitzungen.*

Ob die Anregung durch das Nikotin bei bestimmten Arbeiten ein echter Effekt ist, kann ich nicht beurteilen. Wahrscheinlich wäre die betreffende Arbeit ohne Zigarette genauso schnell erledigt worden.

Es ist unsinnig, gegen Tabak, Alkohol, Jeanshose oder Beatmusik zu sein. Es gibt keine allgemein akzeptierten Gründe gegen solche Erscheinungen. Wenn man sie bei einzelnen Personen oder Gruppen bekämpfen will, haben nur positive Argumente Aussicht auf Erfolg. Die Schwierigkeit beginnt aber schon damit, daß im Wort »Nichtraucher« das Wort Raucher steckt. Den Unterschied zu anderen Worten merkt man am besten in den folgenden zwei Gesprächen:

1. Spielen Sie Fußball? – Nein, ich spiele Handball.
2. Rauchen Sie Pfeife? – Nein, ich rauche keine Pfeife.
   Was rauchen Sie denn? – Ich rauche überhaupt nicht.
   Was tun Sie, wenn Sie nicht rauchen?? – Nichts!

Hier tut sich ein weites Feld für Sprachschöpfer auf. Es gibt einfach zum Tätigkeitswort »rauchen« keinen Ausdruck, der die Tätigkeit »nicht rauchen« ausdrückt.

Vielleicht wäre es ein erster Weg, um zu einer

positiven Ausdrucksweise zu kommen, wenn das Rauchen nicht wie bisher an einzelnen Stellen verboten würde, sondern statt dessen ausdrücklich erlaubt. Also: keine Nichtraucher-Gaststätten, sondern durch Schilder gekennzeichnete Raucher-Restaurants. In feuergefährdeten Betrieben gibt es bereits Raucherinseln, die man überall einrichten könnte.

Und natürlich müßten Film- und Fernsehregisseure auf die Zigarette als Requisit verzichten.

Solche Maßnahmen wären viel wirksamer als ein dickes Buch über Krebsgefahren, die natürlich ihre Berechtigung haben.

Der Grundsatz des Generals Clausewitz

Angst ist eine der Vorbereitungen auf eine Gefahr.

Von 100 Erfindungen im ZIS, die die Mitarbeiter in einem Jahr machen, werden 60 bis 70 zum Patent angemeldet. Die restlichen 40 werden bereits bei der Anmeldung abgelehnt, weil die Gedanken schon anderswo geäußert wurden. Von den 60 werden dann im Laufe der Zeit 10 oder 20 genutzt.

Die Zahlen liegen weit über dem Durchschnitt anderer Forschungsstellen.

Wir ließen aber die Statistik außer Betracht. Irgendein großer Computer rechnete aus, daß

20 Patente von 60 »nur« 30 Prozent sind. Damit lag das Institut weit unter dem Wert des besten Betriebes, der 50 Prozent der Patentanmeldungen ausnutzt. Was aus dem Computerausdruck nicht hervorging oder vielleicht auch bei der Auswertung übersehen worden war: daß dort nur zwei Patente angemeldet worden waren, wovon eines (50 Prozent) genutzt wurde.

Bei der Diskussion über diesen Fall erkannte der Vertreter der betreffenden Dienststelle zwar das günstige Verhältnis 20:1 für das ZIS an, stellte aber die Frage, ob die 40 Patente, die jährlich nicht genutzt werden, nicht eine Verschwendung seien.

Natürlich, wenn man keine Patente anmeldet, werden keine abgelehnt, und es gibt keine ungenutzten. Dieser Zustand herrscht an verschiedenen Stellen.

Andererseits zeigt eine einfache Überlegung: Je mehr angemeldet wird, desto größer ist die Wahrscheinlichkeit eines Erfolges.

In der Forschung gibt es folgende Richtwerte:

- *80 Prozent aller Ergebnisse sind zwar interessant, aber die Welt läuft trotzdem unverändert weiter.*
- *20 Prozent der Ergebnisse sind so, daß sie einen Einfluß auf den technischen und wissenschaftlichen Fortschritt haben.*
- *5 Prozent und weniger der Ergebnisse bringen die Entwicklung einen fühlbaren Schritt weiter.*

Stoßen Sie sich nicht daran, daß die Summe der Prozente hundert übersteigt! Es handelt sich nur um grobe Richtwerte. Trotzdem gibt es zu denken, wenn von dem Riesenaufwand, der in der ganzen

Welt für Forschung getrieben wird, nur wenige Prozent einen wirklichen Nutzen bringen.

Aber hätte es einen Sinn, deswegen die Ausgaben auf 25 Prozent oder gar auf 5 Prozent zu reduzieren? Natürlich nicht! Denn von diesen reduzierten Ausgaben wären wieder nur 5 Prozent echte Spitzenleistungen.

Ganz kluge Leute verlangen, daß nur Forschungsvorhaben finanziert werden, die mit Sicherheit Spitzenleistungen bringen. Leider weiß man nie im voraus, was bei einem Thema herauskommt. Bildlich kann man sich jede Forschung – aber auch jede andere Handhabung, die auf die Zukunft gerichtet ist – so vorstellen: Ein Gewehr wird fest eingespannt und »ganz genau« auf den Mittelpunkt einer Schießscheibe gerichtet. Gibt man nun eine größere Anzahl von Schüssen ab, so liegen einige im Zentrum, andere links und rechts oder hoch und tief daneben. Um mit Sicherheit einen Treffer genau in der Scheibenmitte zu erzielen, muß der Schütze eine Anzahl von Schüssen abgeben.

Die Mathematiker entwickelten die Wahrscheinlichkeitsrechnung, die Voraussagen gestattet, wieviel Schüsse unter bestimmten Bedingungen notwendig sind, um mindestens einen Treffer zu erzielen.

Wem das Beispiel mit dem Gewehr nicht behagt, kann auf das Würfeln zurückgreifen. Die Wahrscheinlichkeit, eine Sechs zu werfen, beträgt 1:6.

Aber man kann nur eine Sechs würfeln, einen

Treffer erzielen oder ein Patent erhalten, wenn man überhaupt würfelt, schießt oder Patente anmeldet.

Der Volksmund nennt das: Mit der Wurst nach dem Schinken werfen.

Philosophen und Generäle haben sich wohl als erste mit dem Problem befaßt, daß nur etwas geschieht, wenn wir handeln. Immanuel Kant (1724–1804) kam dabei zu einer etwas pessimistischen Auffassung. Er überlegte, ob im voraus zu sagen sei, wann eine Handlung gute oder böse Folgen habe (ob ein Patent Erfolg haben wird oder nicht). Kant meinte, eine solche Voraussage sei nicht möglich. Zumindest in bezug auf Forschungsergebnisse, Patente und sonstige Ergebnisse des Nachdenkens über technische Probleme scheint er recht zu haben. In der Zeit nach Kant haben die Mathematiker das Problem auf eine Wahrscheinlichkeitsbetrachtung zurückgeführt.

Darüber sprachen wir schon.

Etwas unkomplizierter ging der preußische General von Clausewitz an die Sache heran. Er meinte (als Zeitgenosse von Kant und Hegel): »Wenn wir auch nicht sicher wissen, wie eine Handlung ausgeht, so müssen wir doch handeln, denn sonst kommt es zu keiner Veränderung.«

Daher sein berühmter Ausspruch: »Ein Fehlgreifen in der Wahl der Mittel ist besser, als nichts zu tun.«

Der Dichter Arnold Zweig äußert sich in seinem Roman »Erziehung vor Verdun« sehr kritisch über das Zitat. Er meint, es sei eine Aufforderung, nicht zu denken. Mir scheint, es ist wie bei allen Regeln: Sie sind nur sinnvoll, wenn sie mit etwas Verstand gehandhabt werden.

- *Wer seine Umwelt verändern will, muß handeln.*
- *Wer Erfolg haben will, muß handeln.*
- *Wer etwas leisten will, muß handeln.*

Das Geheimnis der alten Mamsell

Ernsthaftigkeit ist die einzige Zuflucht
der Oberflächlichen.
(Oscar Wilde)

Im Abschnitt über das Rauchen versuchte ich zu zeigen, wie ein riesiger Aufwand an geistiger Arbeit zu einer ganz geringen Leistung führt. Damit habe ich kein Urteil über Sinn oder Unsinn des Rauchens gefällt. Hier dreht es sich nur um die Bewertung geistiger Anstrengungen.

Auch dieser Abschnitt, der sich mit einigen Büchern befaßt, die besonders hohe Auflagen erreichten, soll keine Beurteilung der Bücher sein. Es soll nur zeigen, wie ein großer Erfolg erzielt wurde, wobei der Erfolg an den Auflagenhöhen gemessen wird. Es bleibt natürlich jedem Leser freigestellt, die Zahl der verkauften Bücher als einen Maßstab anzuerkennen oder nicht.

Für meine Zwecke ist dieses Maß aber sehr praktisch.

Als der Welt erfolgreichster Romanautor gilt der US-Amerikaner Erle Stanley Gardner (1889 bis 1970), dessen Krimis in 23 Sprachen in mehr als 300 Millionen Exemplaren verkauft wurden, dicht gefolgt von Agatha Christie (1891 – 1976), deren 81 Kriminalromane in 103 Sprachen ebenfalls die 300-Millionen-Grenze überschritten. Im deutschen Sprachraum liegen wohl Hedwig Courths-Mahler, Karl May und Eugenie Marlitt, die Erfinderin der »alten Mamsell«, an der Spitze der Bestseller.

Ich weiß natürlich, was die Kritiker alles über die Vertreter dieser Literatur schreiben und wie sie ihre Existenz (und ihre Erfolge) ideologisch begründen. Ein einfaches Experiment zeigt aber, daß das Problem nicht auf diese Art allein gelöst wird. Man braucht nur einem Schüler oder einer Schülerin von heute einige dieser Bücher zu geben – sie werden sie lesen. Vielleicht werden sie über die geschwollene Sprache lächeln, aber dann werden sie zum nächsten Band greifen.

Eine Analyse solcher Erfolgsbücher zeigt, wie

mit einigen sehr einfachen Tricks gearbeitet wird. Alle Charaktere sind stark vereinfacht: gut und böse. Die Möglichkeit des sozialen Aufstiegs wird betont (Förstertochter heiratet Graf).

Mit mindestens einer Hauptfigur kann sich der Leser identifizieren. Durch Schilderung des Wetters oder der Landschaft wird der Eindruck der Wahrhaftigkeit erweckt.

Doch genauso wichtig sind sprachliche Mittel. Der Text ist vom Satzbau und vom Druckbild her leicht lesbar.

Der geübte Leser merkt bald: der Aufbau des Buches, die Figuren und der Inhalt sind immer nach dem gleichen Schema angefertigt.

Das ist kein Werturteil. Erinnern Sie sich bitte, Forschungsberichte im ZIS werden auch nach einem Schema geschrieben, und die erfolgreichsten wissenschaftlichen Vorträge sind ebenfalls im Aufbau vorprogrammiert.

Jedenfalls sind diese Art von Büchern ein hervorragendes Beispiel, wie mit wenig Aufwand an geistiger Arbeit ein großer Erfolg erzielt werden kann. Ich betrachte es als keine Schande, auch von Karl May zu lernen.

Im Zeitalter des Computers ist es modern, Reden von ihm entwerfen zu lassen. Man gibt ihm einige Sätze ein und läßt ihn dann diese Sätze kombinieren.

Beispielsweise kann eine EDV-Anlage aus 36 Teilsätzen 6561 »sinnvolle Sätze« bilden (»CERN-Courier«, Bd. 9, S. 211):

Tabelle A

1. Zugegebenermaßen
2. Als eine Folge von miteinander verknüpften Faktoren
3. Trotz des gegenteiligen Anscheins
4. Bis neue Einsichten den gegenwärtigen Trend umkehren
5. Unter Zuhilfenahme des Prinzips von Ursache und Wirkung
6. Indem wir die Gültigkeit der gegenwärtigen Extrapolation voraussetzen
7. Ohne daß wir die Büchse der Pandora öffnen wollen
8. Wie nun jenseits jedes Zweifels bewiesen wurde
9. So beunruhigend die gegenwärtige Situation auch sein mag

Tabelle B

1. wird eine erfolgreiche Messung
2. wird der Bau eines Hochenergiebeschleunigers
3. wird der Zugang zu größeren finanziellen Quellen
4. wird das Streben nach einem Nobelpreis
5. wird die Blasenkammerphysik
6. wird eine neuerliche Berechnung mit Hilfe nichthalbeinfacher Algebren
7. wird übermäßiges Bedenken der Probleme der Verwaltung
8. wird eine neue Messung von
9. wird Information aus dem »CERN-Courier«

Tabelle C
1. nur dazu dienen, mehr Gewicht zu geben
2. unausweichlich zu einer Ablehnung führen
3. schlüssige Information liefern über
4. sich in nützlicher Weise beziehen auf
5. in Betracht ziehen
6. bedauerlicherweise das Ende bedeuten für
7. Begeisterung hervorrufen für
8. zu einer Bestätigung führen von
9. das gegenwärtige Denken dämpfen bezüglich

Tabelle D
1. der Notwendigkeit, die Rechenmaschinen weiter auszubauen
2. humanitäre Bedenken, betreffend den Personalstop
3. des Veneziano-Modells
4. einen Entwurf, der Zusammenstöße in einem späteren Stadium produziert
5. Macbeth' Empfehlung »Throw physics to the dogs«
6. die Divergenzen in der Theorie der schwachen Wechselwirkung
7. den Wunsch sicherzustellen, daß manche Wissenschaftler das Unerforschte erforschen
8. Bootstraps, Verschwörungen, Pole und Dips
9. die Zukunft der Physik in Europa

Nehmen Sie jeweils einen Satz aus jeder Tabelle, zum Beispiel 6666:
»Indem wir die Gültigkeit der gegenwärtigen Extrapolation voraussetzen, wird eine neuerliche Be-

rechnung mit Hilfe nichthalbeinfacher Algebren bedauerlicherweise das Ende bedeuten für die Divergenzen in der Theorie der schwachen Wechselwirkung.«

Natürlich ist das ganze nur ein Spaß. Aber man kann daraus und aus Courths-Mahler doch einige Lehren ziehen.

– *Die größten Erfolge werden nicht unbedingt durch ein Höchstmaß an Arbeit erzielt.*
– *In der Schriftstellerei und der Rechenkunst gibt es Tricks, die die Erfolgsaussichten erhöhen.*
– *Solche Tricks sind lehrbar und lernbar.*

Es ist nicht die Aufgabe dieser Erfahrungssammlung, im einzelnen auszuführen, welche Methoden existieren. Dafür gibt es einige Anleitungen. Noch besser ist es, bei Büchern, Reden und Vorträgen nachzudenken, warum sie wirken (oder nicht wirken). Ich vertreibe mir seit vielen Jahren die Zeit bei Reden mit dieser (für mich sehr fruchtbringenden) Beschäftigung.

– *Man kann auch von den Fehlern anderer lernen.*

Wie einfach Hedwig Courths-Mahler und Karl May (und viele andere) vorgehen, merken Sie, wenn Sie die Beschreibung des Körperbaues der Heldinnen und Helden betrachten. Er paßt immer zum Charakter, der Graf und Old Shatterhand sind groß und schlank, Personen mit skurrilem Charakter sehen auch so aus.

Der isländische Nobelpreisträger Halldor Laxness schrieb ein Buch, in dem die Helden der isländischen Sagen so beschrieben werden, wie sie wahrscheinlich aussahen: klein und mit krummen Beinen (wegen Vitaminmangel). Der Roman ist sehr lehrreich zu lesen, nur eine heldenhafte Stimmung kommt beim Lesen nicht auf.

– *Wenn jemand in passenden Bildern schreibt oder spricht, ist ein tiefes Mißtrauen angebracht.*

Nun wird mancher sagen, solche Computersätze sind trivial. Es wird nicht möglich sein, mit ihnen eine echte Aussage zu machen. Das ist richtig. Das gefährlichste ist aber, daß es möglich ist, mit solchen an sich nichtssagenden Satzfetzen bei vielen Menschen Gefühle und Stimmungen zu erzeugen.

– *Ein gutklingender Satz muß nicht immer einen Sinn haben.*

Die richtige Zeit

Das ist so, als ob ich versuchte,
mit einem Bleistift den Schatten nachzuziehen,
den dieser Bleistift selber wirft.
(Nathanel West)

Vor Jahren sollte in der Republik ein großes Forschungsprogramm über Phosphorwasserstoff im Azetylen anlaufen. Die ganze Sache war hervorragend vorbereitet. Es sollte untersucht werden, wie Phosphorwasserstoff ins Azetylen hineinkommt und welche Folgen durch verschiedene Gehalte beim Schweißen auftreten. Das ZIS und mehrere Hochschulen sollten sich fünf Jahre lang mit dieser Frage befassen. Als Ziel war, neben der allgemeinen Vermehrung unserer Kenntnisse, eine Verbesserung der Gasschweißung vorgesehen. Alle Gremien, die Forschungsvorhaben beurteilen und befürworten müssen, lobten die sorgfältige Vorbereitung und gaben ihre Zustimmung.

Ich war damals in der schwierigen Lage, entgegen der Ansicht vieler Fachleute den Antrag abzulehnen. Er entsprach in seinen Zielen nicht den Gesamtzielen der Schweißtechnik. Wir wollten die Gasschweißung (Autogenschweißung) soweit wie irgend möglich abschaffen und nicht durch Untersuchungen fördern.

Ein Gasschweißer verschweißte im Durchschnitt 50 Gramm Schweißgut in einer Stunde. Hingegen schafft ein Elektrohandschweißer 600 Gramm in der Stunde. Er leistete also zwölfmal soviel. Automatenschweißer kamen (und kommen) sogar auf einige Kilogramm Abschmelzleistung.

Es konnte daher niemals das Ziel sein, die wissenschaftlichen Möglichkeiten der Forschung darauf anzusetzen, die 50 Gramm Schweißgut der Gasschweißer zu verbessern; es war sogar fraglich, ob es lohnen würde, sich mit dem Elektrohandschweißer zu befassen. Schließlich entschieden wir uns dafür, ganz auf die Zukunft zu setzen und uns in der Forschung ausschließlich mit der Automatenschweißung zu befassen.

Es gab gegen diesen Entschluß heftige Einsprüche. Sie waren alle nach der Art: Ein Spatz in der

Hand ist besser als eine Taube auf dem Dach. Bei den Handschweißverfahren, so wurde argumentiert, wüßten wir, wie in kurzer Zeit ihre Qualität und Leistung um 10 oder 20 Prozent zu steigern sei. Bei den Automaten sei doch alles Zukunftsmusik.

Aber gerade das brachte dann die Erfolge, und die DDR wurde ein führendes Land auf diesem Gebiet.

Daher ist immer wieder zu prüfen:

- *Ist das Ziel hoch genug?*
- *Intelligenz ist so kostbar, daß sie immer auf die Zukunft gerichtet sein soll.*
- *Verbesserungen von 10 oder 20 Prozent sind gut. Aber die Welt wird erst verändert mit 100 oder 200 Prozent.*

Natürlich ist auch bei Zielsetzungen dafür zu sorgen, daß die Bäume nicht in den Himmel wachsen. Es hat wenig Sinn, Kolonien auf der Venus zu planen, wenn auf der Erde noch Platz ist.

- *Für Zielsetzungen braucht man echte Maßstäbe.*

In dem hier beschriebenen Fall war ein solcher Maßstab die Verdopplung der Leistung. Wenn man davon ausgeht, daß innerhalb der Volkswirtschaft alle Kennziffern jährlich um etwas 5 Prozent steigen, so bedeutet 100 Prozent Steigerung einen Sprung von 14 Jahren. Das ist ein guter Maßstab und ein realistisches Ziel.

Mitunter kann ein richtiger Maßstab durchaus unter dem berühmten Weltniveau liegen. Mehrere Jahre lang spielte sich auf der Leipziger Frühjahrsmesse folgendes ab: Ein VEB stellte eine Punktschweißmaschine aus, wie sie zum Schweißen von Automobilkarossen und anderen Erzeugnissen aus dünnen Blechen benötigt wird. Auf dem Schild stand als Leistungsparameter zu lesen: *300 Punkte/Minute.*

Daraufhin erschien zur nächsten Messe eine westeuropäische Firma mit einer Punktschweißmaschine, die ein Schild trug: *350 Punkte/Minute.*

Natürlich wollte der VEB das Weltniveau halten und erschien ein Jahr später mit 400 Punkten/Minute auf der Messe. Im Laufe der Zeit stiegen die Leistungszahlen bis 600.

An sich wäre gegen diese Leistungssteigerung nichts einzuwenden, wenn sie nicht den Preis beeinflußt hätte. Es liegt auf der Hand, daß eine Maschine mit doppelter Leistung auch kräftiger gebaut sein muß, mehr Elektronik eingebaut erhält und dadurch teurer wird.

Wir untersuchten daher einmal, wieviel Punkte in der Minute eigentlich vom Verbraucher benötigt werden. Das Ergebnis war überraschend. Die meisten konnten technologisch höchstens 50 beherrschen. Mit 150 Punkten wurden über 80 Prozent aller Bedürfnisse befriedigt. Fehlende Maßstäbe führten jedoch zu der genannten Leistungssteigerung, die nicht genutzt werden konnte.

Sobald man Maßstäbe nach ihrem Wert für 80 Prozent aller Fälle untersucht, wird man finden, wieviel Zeit, Geld und Mühe in Maschinen hineingesteckt wird, um die besonderen Ansprüche von 5 bis 20 Prozent der Benutzer zu befriedigen. Was nützt ein Kraftwagen mit 140 Kilometer/Stunde

Spitzengeschwindigkeit, wenn die zulässige Höchstgeschwindigkeit 100 Kilometer/Stunde beträgt? Welche Hausfrau benutzt alle Programme eines Waschvollautomaten oder einer elektronisch gesteuerten Nähmaschine? Wer hört die vielen Sender, die mit einem Radioapparat empfangen werden können? Die Erfahrung zeigt, daß jeder einige Stammsender abhört, und daß der teure Apparat gekauft wurde, um diese Sender störungsfrei zu empfangen. Den besten Radioapparat kaufte ich 1955. Er empfing »nur« auf UKW, aber mit einer herrlichen Klangfülle. Und der Preis war entsprechend niedrig.

– *Es ist immer kostspielig, die letzten Prozente aller Wünsche zu erfüllen.*

Zahnbürsten für China

Alle Verallgemeinerungen sind gefährlich,
sogar diese!
(Alexandre Dumas)

1960 besuchte ich die Volksrepublik China. Neben vielen Betriebsbesuchen war auch ein Empfang beim damaligen Ministerpräsidenten Zhou Enlai vorgesehen. Bei dieser Gelegenheit hörte ich die folgende Anekdote:

Das Staatsoberhaupt eines europäischen Landes

weilte zu einem offiziellen Treffen in China. Vor seiner Abreise fragte der Gast, für welche Lieferungen seines Landes der chinesische Markt aufnahmefähig sei.

Die chinesischen Vertreter antworteten, sie möchten gerne, daß jeder Chinese eine Zahnbürste aus Plast haben solle. Der Europäer wittert ein großes Geschäft und verpflichtet sich, alle Chinesen mit Zahnbürsten zu beliefern.

Um den Witz dieser Anekdote zu verstehen, muß man eine kleine Kopfrechnung machen. Eine Plastzahnbürste wiegt 10 bis 20 Gramm, das ist sehr wenig, aber vorstellbar. Es gab damals 750 Millionen Chinesen. Das ist sehr viel und für einen Europäer nicht mehr vorstellbar. Damit jeder seine Zähne mit einer eigenen Bürste reinigen kann, sind etwa 15 000 Tonnen Kunststoff notwendig. Das ist die Jahresproduktion eines großen Werkes an Plasten aller Art. Eine Belieferung Chinas mit allen dort benötigten Zahnbürsten hätte die Versorgung der eigenen Bevölkerung mit Waschschüsseln, Kühlschränken, Regenrinnen und was sonst noch aus Kunststoff gefertigt wird, verhindert.

Ich weiß nicht, ob diese Erzählung erfunden oder wahr ist. Auf jeden Fall zeigt sie, wie schnell unterschiedliche Maßstäbe zu Mißverständnissen führen können.

Auf meinem Gebiet, der Schweißtechnik, erlebe ich viele Beispiele für verschiedene Maßstäbe. Meine sowjetischen Fachkollegen versuchen immer wieder, mich für das Schweißen sehr dicker

Bleche zu begeistern. Sie benötigen Verfahren dafür, um ihre riesigen Wasserkraftwerke auszurüsten. Aber unsere Flüsse sind für sibirische Maßstäbe nur kleine Bächlein, und daher brauchen wir keine meterdicken Werkstücke für Mammutturbinen zu verschweißen.

Solche Unterschiede in den Auffassungen lassen sich leicht klären. Schwieriger wird es, wenn jemand liest, daß irgendwo im Ausland ein Schweißgerät mit einer besonders hohen Produktivität aufgestellt wurde.

Vor einigen Jahren mußte ich erklären, warum bei Ford in Detroit eine Schweißpresse alle 6 Sekunden eine Autotür herstellt und bis wann wir einen ähnlichen Automaten entwickelt hätten. Das berühmte Wort »Weltniveau« spielte dabei eine große Rolle. Es bedurfte großer Überredungskunst, um klarzumachen, was es bedeutet, alle 6 Sekunden eine Autotür zu fertigen. In einer Minute sind das 10 Türen, in der Stunde 600 usw. Auf jeden Fall hätte diese Schweißpresse in wenigen Tagen den Jahresbedarf der DDR an Autotüren gedeckt.

Es kam dann noch der Einwurf: Gut, dann stellen wir das Programm der Presse um und schweißen darauf andere Teile.

Nun läßt sich so ein Spezialgerät kaum umstellen. Die Hauptfrage war bei diesem Einwurf aber übersehen worden: Wo stapeln wir den Jahresbedarf an fertigen Autotüren?

– *Prüfe beim Nachdenken immer, ob der Maßstab richtig ist!*

– *Prüfe vor dem Reden, ob dein Denken fehlerfrei war!*

Am kompliziertesten sind Maßstabsfragen, wenn keine Zahlen, sondern nur Worte gewertet werden. Zur Zeit sind Roboter modern. Es gibt keinen Zweifel: Roboter müssen gebaut und eingesetzt werden, um Arbeitskräfte freizusetzen und Menschen bei schweren Arbeiten zu entlasten. Schwierig wird die Frage: Was muß ein Roboter können? Sofort kommen Maßstäbe wie »Freiheitsgrad« oder »frei programmierbar« ins Spiel. Selbst Menschen, die sonst ziemlich logisch denken, halten einen Roboter mit 6 Freiheitsgraden für »besser« als einen mit 3 oder 4.

Unser Arm läßt sich mit 32 Freiheitsgraden bewegen. Aber wenn wir schnell sein wollen, benutzen wir unwillkürlich möglichst wenige dieser Bewegungsmöglichkeiten. Jeder Boxer oder Fechter wird das bestätigen. In der Technik kostet außerdem jeder zusätzliche Freiheitsgrad auch zusätzlich Geld (zur Zeit etwa 100000 Mark). Daher ist es richtig, jedem Roboter nur so viel Bewegungsmöglichkeiten einzubauen, wie er unbedingt für seine Aufgabe benötigt.

Der richtige Maßstab lautet also: Hat dieser Roboter genau die notwendige Anzahl von Freiheitsgraden? Wenn ja, dann ist es der bestmögliche, und jeder andere, mag er auch noch so viele Bewegungen können, ist unwirtschaftlich und somit schlechter.

Da Wörter wie »Freiheit« oder »frei« für manchen Menschen einen magischen Klang haben, steht in vielen Reden über EDV und Robotersteuerung der Begriff »frei programmierbar« hoch im Kurs. Doch auch hier gilt: Nur so viel Elektronik wie unbedingt nötig!

- *Seien Sie mißtrauisch, wenn Schlagworte als Maßstäbe gewählt werden!*
- *Die technische Welt ist in Zahlen faßbar.*
- *Hinter Maßstabszahlen sollen physikalische Einheiten wie Meter, Kilogramm oder Sekunden stehen.*

Zu meiner Schulzeit stand im Physiksaal der Spruch:

Gott hat alles geordnet
nach Maß, Zahl und Gewicht.

In Maß, Zahl und Gewicht sollte man möglichst das fassen, was man sagen will.

Wie kompliziert es mit nichttechnischen Begriffen wie »Gott« ist, habe ich während eines Empfanges bei Zhou Enlai gesehen. Am Nebentisch saß Panschen Lama aus Tibet. Er ist nach Ansichten der Gläubigen ein lebender Gott und äußerst verehrungswürdig. Für mich war er ein Mann mittleren Alters, der einen Filzhut fest auf beide Ohren gedrückt hatte und uns »exotische« Europäer eifrig mit einer DDR-Kamera knipste. Hier ist die Schwierigkeit der Maßstabsfrage (Gott oder Nichtgott) ohne Zahlen sofort deutlich. Es gibt wohl keine alle Parteien überzeugenden Argumente für irgendeinen Maßstab in dieser Frage.

Der Widerruf des Galilei

Einige der gewagtesten Theorien über das Innenleben von Säuglingen sind nie widerlegt worden.

Die Geschichte von Galileo Galilei (1564–1642) ist allgemein bekannt. Es gibt Theaterstücke und Romane über seinen Prozeß vor der Inquisition. In jeder Geschichte der Naturwissenschaften wird angeführt, wie der alte Galilei seine Anschauungen über das Kopernikanische Weltsystem widerrief. Neuerdings hat sich der Papst zu dem Prozeß geäußert und eine Revision angekündigt.

Fast alle Autoren, einerlei, ob es sich um Wissenschaftler oder Schriftsteller handelt, suchen Galilei wegen des Widerrufes zu entschuldigen. Sie weisen auf den äußeren Zwang hin, auf sein Alter und auf seine Religiosität.

Nach meiner Ansicht benötigt Galilei keinerlei Entschuldigung. Er hatte mit seinem Fernrohr die Bewegungen der Jupitermonde um den Planeten beobachtet. Er wußte also mit Bestimmtheit, daß Himmelskörper umeinander kreisen. Sobald ein Wissenschaftler eine Tatsache gemessen hat, soll er sein Ergebnis veröffentlichen. Das hatte Galilei gemacht (und eben das war der Vorwurf der Kirche).

Es lohnt sich aber nicht, für eine wissenschaftliche Erkenntnis Kopf und Kragen zu riskieren. Natürlich weiß ich, daß dies nicht die allgemeine Ansicht ist. Wissenschaftler sollten – so meinen viele

Leute – für die Wahrheit kämpfen. Es gibt viele Dinge, für die es sich zu kämpfen lohnt. Aber wegen einer meßbaren und jederzeit wiederholbaren Beobachtung muß man kein Märtyrer werden. Man sollte sich auch nicht endlos mit Leuten, die nicht beobachten wollen (oder können), streiten. Ein Zitat aus der Bibel und ein Meßergebnis besitzen gegeneinander keinerlei Beweiskraft.

– *Prüfe vor einem Streit, ob deine Argumente überhaupt für deinen Gegner einen Sinn haben – und umgekehrt!*

1950 spielten die Lehren des Biologen Lyssenko eine große Rolle. Grob gesprochen, propagierte er die Vererbung erworbener Eigenschaften. Das war erst einmal sein gutes Recht. Die Frage, was bei der Fortpflanzung vererbt wird, wie es vererbt wird und ob überhaupt etwas vererbt wird, ist ein rein experimentelles Problem. Die Konsequenzen aus den Experimenten reichten aber bis in die Weltanschauung hinein. Wenn beispielsweise keinerlei Eigenschaften oder Anlagen vererbt werden, muß es möglich sein, nur durch Erziehung eine Idealgesellschaft zu erreichen.

Lyssenko machte hier den gleichen Fehler wie vor dreihundert Jahren die Inquisitoren in Rom. Er diskutierte gesellschaftliche Wünsche und experimentelle Messungen gleichwertig nebeneinander. Am Schluß waren die Tatsachen aber stärker. Lyssenko ist heute nur noch eine Kuriosität in der Geschichte der Wissenschaften.

– *Zahlen überzeugen vielleicht nicht sofort – aber sie wirken weiter.*

Ich habe mich immer gerne und mit Leidenschaft

gestritten. Aber zwischendurch prüfte ich auch, ob es sich lohnte und ob ich überhaupt den richtigen Diskussionspartner hatte.

– *Welchen Nutzen bringt es, wenn du jemand von deiner Ansicht überzeugst?*

Mein Landsmann, Theodor Storm (1817–1888), schrieb in dem Gedicht »Für meine Söhne«:

Hehle nimmer mit der Wahrheit!
Bringt sie Leid, nicht bringt sie Reue;
Doch weil Wahrheit eine Perle,
Wirf sie auch nicht vor die Säue.

Storm bekämpfte die dänischen Ansprüche um 1860 auf Schleswig-Holstein und mußte deshalb das Land verlassen. Die Wahrheit auf politischem Gebiet war ihm demnach sehr viel wert.

Wer einmal den »Schimmelreiter« von Storm gelesen hat, weiß, daß der Deichgraf Hauke Haien für die technische Wahrheit der richtigen Deichform (die das Land vor der Sturmflut schützt) große Opfer bringt.

Storm hat bei dem Ratschlag an seine Söhne offensichtlich genau überlegt, wann es sich für die Wahrheit zu kämpfen lohnt und wann nicht.

Das verkannte Genie

Mr. X äußerte sich enttäuscht darüber, daß es im Klub keinen Briefkasten für Anregungen gab, weil er gern die Anregung eingeworfen hätte, einen solchen Kasten anzubringen.

Von Zeit zu Zeit erhalte ich Briefe, in denen mich Erfinder um Hilfe bitten. Es ist erst einmal schmeichelhaft, wenn man um Unterstützung gebeten wird. Doch die Möglichkeiten, wirklich etwas für den Erfinder zu tun, sind sehr gering. In der DDR ist das Neuerer- und Patentwesen hervorragend ausgebaut. Aber es gibt einige Dinge, die kein Patentamt der Welt einem Erfinder abnehmen kann.

Wenn ein solcher Mann mich nun aufsucht, steht das, was er erzählt, für mich im voraus fest. Er wird andeuten, wie große Erfinder schon immer gegen die Unvernunft der Umwelt kämpfen mußten, wie wichtig seine eigene Erfindung sei, und wie sie im Einklang mit politischen und gesellschaftlichen Forderungen stünde (Automation, Energieeinsparung usw.). Dann wird mir entweder das Ehrenwort abverlangt, mit niemandem über die Erfindung zu sprechen, oder der Inhalt der Erfindung wird mit verschleierten Erklärungen vorsichtig angedeutet.

An dieser Stelle unterbreche ich den Redefluß. Ich lehne es ab, in irgendeiner Form zur Kenntnis zu nehmen, wovon die Erfindung handelt. Diese etwas schroffe Haltung paßt zwar den Besuchern nicht. Im Prinzip möchten sie ja brennend gern ihre Ideen erzählen. Die Geheimniskrämerei war nur, um sich wichtig zu machen.

Weiter mache ich ihnen dann klar, daß es keine verkannten Genies gibt, höchstens unfähige, die nicht in der Lage waren, ihre Gedanken klar auszusprechen, um die Fachwelt zu überzeugen. Als Beispiel führe ich dann J. R. Mayer (1814-1878) an (Erhaltung der Energie), der sich als Arzt für Physiker unverständlich ausdrückte. Als seine Schriften verständlich wurden, das heißt der Fachsprache der Naturwissenschaftler angepaßt, hat Mayer viel Anerkennung erhalten.

– *Die Beweispflicht liegt immer beim Erfinder.*
– *Man muß in der Sprache der Angesprochenen reden.*

Weiter weise ich auf Leute wie Rudolf Diesel hin, der Millionenbeträge erhielt, lange bevor der erste Motor lief.

Wenn die verkannten Erfinder dann von ihrem hohen Roß heruntergeholt sind, kann ich ihnen mitunter helfen. Einige hatten noch kein Patent angemeldet, weil sie nicht wußten, wie das gemacht wird. Andere hatten keins angemeldet, weil sie »keine Zeit hatten«, um die einschlägige Patentliteratur auf »neuheitsschädigende« Anmeldungen durchzusehen. Der Frage, wer diese Arbeit denn für sie machen solle, stehen sie fassungslos gegenüber, besonders wenn ich auf die erwartete Vergütung für die Erfindung hinweise.

– *Wer die Vergütung für ein Patent oder einen Neuerervorschlag haben will, muß auch selbst dafür arbeiten.*

Überhaupt habe ich die Erfahrung gemacht, daß es immer richtig ist, vom Geld zu reden. Aus irgendwelchen historischen Gründen gilt das bei uns als »unvornehm«. Viele sagen, »es ist nicht nötig«, und halten dabei verschämt die Hand auf. Es ist aber gesetzlich geregelt: Für eine Leistung muß bezahlt werden. Daher gibt es keinen Grund, um Geldfragen herumzureden, und noch weniger Grund, die zu erbringenden Leistungen zu verschweigen.

Die Erfinder verlassen mich immer sehr ernüchtert, aber doch mit handfesten Unterlagen, was sie machen müssen. Ob sie es anschließend auch tun, sei dahingestellt. Manche Leute fühlen sich lieber verkannt, als den Beweis für die Durchführbarkeit ihrer Ideen antreten zu müssen.

Manche Leser haben hier den Eindruck, ich hätte für erfolglose Erfinder nicht viel übrig. Das ist tatsächlich so. Natürlich gibt es immer solche Unglücksraben, denen zwar gute Ideen einfallen, die aber kein Durchsetzungsvermögen haben. Ihnen muß man helfen. Doch der größte Teil der Erfinder, die zu mir kamen, hatten immer Dinge erfunden, die außerhalb ihres Berufes lagen. Nun kann ein Bäcker durchaus einen guten Einfall auf dem Gebiet der Schlosserei haben. Aber wenn er nicht vorher das Bäckereiwesen durch Vorschläge bereicherte, ist die Wahrscheinlichkeit eines erfolgreichen Patentes auf anderem Gebiet gering.

Nach meiner Erfahrung im Patent- und Neuererwesen werden mehr Vorschläge vergütet, die später einen zweifelhaften Erfolg haben, als wirklich gute Vorschläge unberechtigt abgelehnt.

Natürlich gibt es nun noch viele Erfindungen, deren Neuheitswert ohne Zweifel feststeht, doch keiner will sie anwenden. Meistens handelt es sich um neue Produkte oder um Technologien, für deren Einführung »nur« eine neue Maschine benötigt wird. Ich selbst bin auch Inhaber solcher Patente. Jedoch habe ich mich über ihre Nichtanwendung nie nennenswert aufgeregt. Wenn im Laden eine Ware angeboten wird, die ich nicht gebrauchen kann, kaufe ich sie nicht. Der Produzent und der Verkäufer können ruhig über mich und die übrigen Nichtkäufer schimpfen.

Mir ist es auch einerlei, daß durch mein Nichtkaufen ein volkswirtschaftlicher Schaden durch die nicht abgesetzte Ware entsteht. Das heißt, mir ist es natürlich nicht einerlei. Ich sage: Welcher Dummkopf hat die Marktlage so falsch eingeschätzt und die Regale der HO mit diesen Sachen vollgestopft?

Sinngemäß gilt diese Käufereinstellung auch für das Verhältnis Erfinder – Anwender. Solange der

Anwender kein Bedürfnis nach der Nutzung eines Patentes spürt, hat der Erfinder die »Marktlage« falsch beurteilt.

– *Erfindungen werden nach den gleichen Regeln verkauft wie Kochtöpfe oder Strümpfe.*

Daher sind Erfinder, deren Ideen auf Gebieten außerhalb ihres Arbeitsgebietes liegen, auch besonders erfolglos.

Ich habe mir zeitlebens immer wieder Gedichtzeilen, Verse und Sprüche gemerkt, die eine Lage besonders gut beschreiben.

Christian Fürchtegott Gellert (1715-1769) beschreibt in einem Gedicht, wie ein Künstler ein Bild malte. Es gefiel den Fachleuten nicht besonders, doch konnten sie den Maler mit ihrer Kritik nicht überzeugen. Da kam ein Nichtfachmann (ein junger Geck, schreibt Gellert) und lobte das Bild in den höchsten Tönen. Sofort sah der Maler die Fehler und überstrich das Gemälde.

Moral: Wenn deine Schrift dem Kenner nicht gefällt,
So ist das schon ein schlechtes Zeichen.
Wenn sie der Narren Lob erhält,
So ist es Zeit, sie auszustreichen.

Gellert

Die Magie des Wortes

Ebenen sehen sich immer ähnlich.

Ich habe die Zeiten der Weimarer Republik, des Faschismus und der Besatzungszeit miterlebt und mich – auch in der DDR – immer für die Sprache interessiert, die sich unter den verschiedenen Regierungsformen herausbildet. Jüngere Leser kennen sicherlich die unterschiedliche Bedeutung von Wörtern in der DDR und der BRD.

Nun gibt es für Fachleute eine Anzahl dicker Bücher über die Bedeutung der Sprachen und auch über Sprachsünden. Uns interessiert hier nur die Möglichkeit der Sprachen (und des Denkens), soweit sie die geistige Arbeit und ihre Umsetzung in die Praxis betrifft.

Mit »Umsetzung in die Praxis« habe ich bereits einen modernen Ausdruck gewählt, der eines der Sprachprobleme andeutet. Unsere Ausdrucksweise wird immer unverständlicher, länger und reicher an Hauptwörtern. Einigen wir uns erst einmal darauf, daß wir die geistige Arbeit einführen wollen.

Es ist ein großer Unterschied, ob ich denke: Das Problem behandelt die Umsetzung in die Praxis, oder ob ich denke: Ich will das Problem in die Praxis umsetzen.

Die erste Formulierung ist eine unverbindliche Feststellung. Der zweite Satz ist ein Entschluß.

Da es uns schwerfällt, ohne äußeren Anlaß einen Entschluß zu fassen, ist es am einfachsten und wirkungsvollsten, uns selbst zu kommandieren und zu denken (oder laut zu sagen): Ich will.

Zu einem Entschluß oder zu einem Kommando gehört die richtige Wortwahl. Der Feldwebel kann sagen: Die ganze Kompanie dreht sich mit dem Gesicht zur Kaserne, noch nicht – aber jetzt! Militärischer wird die erwünschte Wendung aber ausgeführt, wenn er kommandiert: Kompanie links – um!

– *Ein Entschluß soll kurz sein.*

Viele Leute haben sich angewöhnt, ihre Gedanken in der Passivform zu äußern. Am besten bemerkt man das bei Interviews im Fernsehen oder im Radio. Der Reporter stellt eine Frage. Der Befragte antwortet darauf: Ich würde sagen ... und dann sagt er, was er sagen wollte.

Das »würde« gibt dem Sprecher das Gefühl, notfalls noch einen Rückzieher machen zu können, falls seine Behauptung auf Widerspruch stößt.

Bei uns im Institut erfolgt auf Einleitungen mit »Ich würde sagen« oder »Ich möchte sagen« meistens der Zwischenruf: »Dann sagen Sie es doch!«

– *Sage das, was du sagen willst, direkt!*

Würde-Sätze und Müßte-Sätze wirken matt und sind keine Anleitung zum Handeln. Sie sind auch keine Aufforderung an uns, etwas zu tun. »Ich müßte eigentlich ...« bedeutet, daß der Sprecher es mit größter Wahrscheinlichkeit nicht tun wird. Wer zu sich selbst sagt »Ich muß« oder »Ich will«, wird auch handeln, selbst wenn das Muß ihm bitter ankommt.

Aus dem Beispiel mit dem Feldwebel habe ich noch einiges mehr gelernt.

Fast alle wichtigen Worte der deutschen Sprache sind einsilbig oder zweisilbig: tot, leben, essen, Wasser.

Kunstworte sind meistens mehrsilbig: Martin Luther bildete das Wort »Landpfleger« für den Chef der römischen Verwaltung in Palästina. Goethe fand das Wort »Weltliteratur«. Der Dichter Detlev von Liliencron (1844-1909) bildete in einem Gedicht den Satz: »... ein Bächlein schwatzt sich munter durchs Gelände«, obwohl das reflexive Verb »sich schwatzen« bisher unbekannt war.

Solche Neubildungen, auch wenn sie mehrsilbig sind, bereichern unseren Wortschatz.

Anders ist es mit »hochstapelnden« neuen Worten.

An den Straßen stehen Schilder: *Achtung, Erdmassentransport.* Mir fiele es schwer, zu beschließen: Morgen will ich mit dem Erdmassentransport anfangen! Normal wäre: Morgen schaffe ich die Erde weg. Und ganz normal, aber nicht schriftgerecht: Morgen schaffe ich den Dreck fort!

– *Martin Luther schrieb: Man muß den Leuten aufs Maul schauen.*

Noch hinderlicher für das Denken sind Ungetüme wie: stellvertretender Vorsitzender der Kooperationsgemeinschaft Pflanzenproduktion.

Solche Bezeichnungen erinnern mich immer an die Bekanntmachung des Fürsten Heinrich XXVIII. von Reuß-Greiz-Schleiz-Lobenstein:

Ich will, daß in meinen Staaten ein jeder mit seinem vollständigen Titel angeredet wird.

Vergessen wir nicht: Zu Heinrichs Zeiten war selbständiges Denken unerwünscht. Heute ist Denken eine lebenswichtige Notwendigkeit.

Leistung und Plan

Wer wird die Wächter bewachen?
(Juvenal)

Ich hoffe, es ist mir gelungen, klarzumachen, wie sehr ich von einem Leistungsprinzip überzeugt bin. Dabei lasse ich immer wieder offen, wie die geistige Leistung von Fall zu Fall gemessen und bewertet werden soll.

Bei Gesprächen über dieses Thema ist mir oft die Frage vorgelegt worden: Und wie ist es mit dem Plan?

Ohne Frage lebt heute jeder Wissenschaftler und Techniker in den Zwängen eines Planes. Vielleicht braucht der japanische Kaiser, der sich mit meeresbiologischen Untersuchungen befaßt, keinen Plan (zeitlich oder finanziell) einzuhalten. Auch gibt es sicher einige Kollegen, die privat im Keller oder in der Garage forschen oder die ein Gebiet bearbeiten, welches keine nennenswerten Mittel erfordert und sonnabends oder sonntags betrieben werden kann (z. B. Forschung in der Heimatgeschichte). Aber mehr als 95 Prozent aller geistigen Arbeiten in Betrieben und Instituten in aller Welt können nur durchgeführt werden, wenn die notwendigen Mittel geplant und bewilligt sind. Wer Gelder bewilligt, will natürlich zu bestimmten Zeiten Rechenschaft abgelegt haben, was mit den Rubeln, Dollars oder der Mark gemacht wurde. Geld bewirkt automatisch einen Zeitplan und einen Erfolgszwang. Der Unterschied in den einzelnen Ländern liegt nicht so sehr in der Art der Planung, sondern nur in den Geldgebern und den Nutzern des Ergebnisses.

– *Wer im nächsten Jahr Geld haben will, muß den Plan dieses Jahr erfüllen.*

Wie die Planung, wie die wissenschaftliche Arbeit ablaufen soll, wie der Arbeitsfluß beschleunigt wird, das werde ich noch abhandeln. Hier wollte ich erst einmal nachweisen, daß kein Ingenieur um den Plan herumkommt. Wenn er erfüllt wurde, liegt ohne Frage eine Leistung vor.

Doch ist diese Leistung die Leistung, die uns vorschwebt? Ich finde nicht!

Planerfüllung ist eine Selbstverständlichkeit. Die Leistung, wie ich sie verstehe, ist die geistige Arbeit je Zeiteinheit, die über das »Soll« hinaus geleistet wird.

– *Der Plan wird von allen mehr oder minder erfüllt. Die (Höchst-)Leistungen kommen von wenigen.*

Ich erinnere mich, im »Eulenspiegel« gelesen zu haben, daß eine Hausgemeinschaft für pünktliche Mietzahlung eine Urkunde erhielt. Hoffen wir, daß dies nur eine Erfindung der Redaktion war.

Ob Einstein während seiner Tätigkeit im Schweizer Patentamt sein Soll an Patentbeurteilungen erfüllte, ist unbekannt. Wahrscheinlich haben damals alle Mitarbeiter des Amtes insgesamt die vorgesehene Zahl an Patenten im Jahr erledigt. Aber Albert Einstein leistete über den Prüfplan hinaus einiges als theoretischer Physiker. Seine Leistung war so bedeutend, daß noch heute in jeder Schrift über ihn das Eidgenössische Patentamt erwähnt wird, über das sonst niemand ein Wort verloren hätte.

– *Alle Plätze dieser Welt sind gleich unbedeutend. Aber einige werden durch bedeutende Männer berühmt.*

Carl Friedrich Gauß

Sprich deine kühnste Idee heute noch aus;
morgen ist sie nicht mehr neu.

Ich habe mich seit meiner Kindheit für den Lebenslauf bedeutender Wissenschaftler und Ingenieure interessiert. Dabei waren es weniger die äußeren Umstände ihres Lebens, also das Anekdotische, als vielmehr ihre Denk- und Arbeitsmethoden. Leider haben viele von ihnen nur angedeutet, wie sie zu ihren bedeutenden Leistungen kamen. Aber von einigen wissen wir es recht genau. Mir gefiel und gefällt das Leben des Mathematikers Gauß, daher nahm ich schon öfter Bezug auf ihn.

Es wird berichtet, daß Gauß bereits vor dem Besuch der Volksschule seinen Vater bei der Lohnabrechnung korrigierte.

Eine solche Fähigkeit, mit Zahlen umzugehen, ist ohne Frage angeboren und hat mit Erziehung sehr wenig zu tun. Gauß hat sein ganzes Leben lang mit Begeisterung und Ausdauer gerechnet. Aus dem Spiel mit Zahlen entstanden seine mathematischen Ideen. Im Prinzip unterschied sich seine Rechnerei wenig von der eines Buchhalters, Zahlkellners oder Statistikers. Aber was er aus den Zahlen machte, war das Besondere.

– *»Wahrlich, es ist nicht das Wissen, sondern das Lernen ..., was den größten Genuß gewährt.«*

Gauß berechnete Primzahlen (also Zahlen, die nicht teilbar sind), eine stupide Arbeit. Aber ihm fiel dabei auf, wie ihre Häufigkeit mit wachsendem Wert abnimmt. Damit entstand das Problem, hierfür eine Begründung zu suchen. Die »Wissenschaft« entstand aus ganz gewöhnlichen Rechenaufgaben.

Ähnlich war es mit der berühmten Aufgabe, ein Siebzehneck mit Lineal und Zirkel zu konstruieren. Gauß hatte über Wurzeln nachgedacht – so schreibt er an seinen Freund Gerling: »... glückte es mir, bei einem Ferienaufenthalt in Braunschweig am Morgen des gedachten Tages (ehe ich aus dem Bette aufgestanden war) diesen Zusammenhang auf das klarste anzuschauen, so daß ich die spezielle Anwendung auf das Siebzehneck ... auf der Stelle machen konnte.«

Hier haben wir das Beispiel eines schöpferischen Vorganges: intensives Nachdenken über ein Problem, und plötzlich kommt der entscheidende Funke. Aber nicht beim Nachdenken, sondern beim Aufwachen im Bett. Im Abschnitt über Ideenkonferenzen werde ich über diese Art der Kreativität Weiteres berichten.

Für Gauß war das Selbststudium die wichtigste Art, etwas zu lernen. An den Astronomen Schumacher schrieb er über den Unterricht (wir sagen heute: die Vorlesung): »Meiner Ansicht nach ist dieser bei solchen Köpfen, denen es hauptsächlich daran liegt, ihre eigenen Kräfte zu üben, um selbst zur Erweiterung der Wissenschaft beizutragen, sehr unzweckmäßig.«

Im ZIS wird den jungen Kollegen immer wieder gesagt: Sie können alles fragen, aber Sie dürfen nie erwarten, daß Sie jemand ungefragt belehrt. Information ist im Institut Holepflicht, nicht Bringepflicht.

Ich halte die übliche Tendenz, über alles zu belehren, überall einzuweisen und darüber noch Aktennotizen anzufertigen, nicht für gut. Warum soll ein junger Mensch nicht einmal etwas falsch machen? Vielleicht entsteht dabei ein Schaden. Aber wie groß ist der Schaden, wenn dem Jüngeren der Schwung und die Neugierde genommen werden, weil ihm alles verboten wird?

Mitunter höre oder lese ich, junge Ingenieure hätten sich beklagt, sie würden mit untergeordneten Arbeiten beschäftigt. Wenn das so ist, bedaure ich es, weil ich die Ausbildung der Betreffenden mit meinen Steuern bezahlt habe.

Aber vielleicht ist es doch gut, die jungen Kollegen an Gauß zu erinnern. Er schrieb: »So hoffe ich, zum Beispiel die Redaktion der Volkszählung, Geburts- und Sterbelisten in hiesigen Landen zu bekommen, nicht als Amt, sondern zu meinem Vergnügen und als Satisfaktion, mich für die Vorteile, die ich hier genieße, einigermaßen nützlich zu machen.«

Als Gauß dies schrieb, war er nicht etwa ein junger Anfänger, sondern anerkannt der größte lebende Mathematiker. Es lohnt sich, den Satz nochmals zu lesen. Er zeigt auch eine bestimmte Einstellung zur Gesellschaft. Fachlich wußte Gauß, daß aus fast jeder Tätigkeit mit Zahlen für ihn eine neue Erkenntnis entstand.

Mir scheint auch, ob eine Arbeit wissenschaftlich ist oder nicht, hängt von dem ab, der sie macht. Und wenn sie wirklich geistig unbefriedigend sein sollte, steht es doch jedem frei, daneben eine hervorragende geistige Leistung zu vollbringen.

Gauß war nicht etwa ein Theoretiker. Als praktischer Astronom und als Landvermesser leistete er Bedeutendes. Dabei war ihm keine Arbeit zu minderwertig. Für seine Fernrohre stellte er sich Fadenvisiere aus Spinnfäden her. Er konnte diese Fäden nicht irgendwo bestellen oder kaufen. Besonderen Ärger machte es ihm, den Staub von den Fäden zu entfernen. »Die feinste Nadel ist eigentlich nicht fein genug, ich werde versuchen, mir einen Wespenstachel zu beschaffen.«

Es ist klar, einen Atomreaktor hätte auch Gauß

nicht eigenhändig gebaut. Aber manches hätte er (und viele andere bedeutende Wissenschaftler) lieber selbst angefertigt, als auf eine Lieferung zu warten und so lange nichts zu tun.

Lebte Gutenberg umsonst?

Sei tolerant gegenüber anderen –
sie könnten recht haben.

Gauß' Abneigung gegen Vorlesungen hatten einen sehr realen Hintergrund, der mit unseren bisherigen Betrachtungen von Zeit und Leistungen zusammenhängt. Um eine Schreibmaschinenseite mit 60 Anschlägen je Zeile und 30 Zeilen laut zu lesen, benötigt der Vortragende 2 bis $2\frac{1}{2}$ Minuten. Das stille Lesen einer Schriftseite dauert, je nach Intelligenzgrad des Lesers und dem Schwierigkeitsgrad des Textes, weniger als 1 Minute. Der geschickte Leser eines Buches leistet demnach zwei- bis dreimal soviel wie ein Zuhörer.
– *Selbstlesen geht schneller als Zuhören.*
Der Leser hat noch weitere Möglichkeiten, seinen Leistungsvorsprung zu vergrößern. Er kann Stellen, die ihm bekannt sind oder die ihn nicht interessieren, überschlagen. Der Hörer ist dem Vortragenden hilflos ausgeliefert. Er kann höchstens »abschalten« oder inzwischen eine andere Arbeit erledigen, zum Beispiel lesen.

Hinzu kommt noch die oftmals mangelhafte Vortragskunst. Es wird abgelesen, statt frei zu sprechen. Es wird erzählt, was man anschließend sagen will. Die Einleitung zur Einleitung zieht sich endlos hin. Der Redner liest lange Zahlenkolonnen vor, obwohl der Durchschnittshörer nicht mehr als drei Zahlen behalten kann.

Und was machen die Hörer, seien es nun Studenten oder Teilnehmer einer wissenschaftlichen Tagung oder Funktionäre, auf einer Beratung? – Sie schreiben mit! Das heißt, sie schreiben das, was der Redner vorher aufschrieb und nun abliest, wieder auf, obwohl sie wissen, daß sie den Text in einem Buch (bei den meisten Hochschulvorlesungen) oder einer wissenschaftlichen Zeitschrift (bei Tagungen) oder im Protokoll (bei Beratungen) wiederfinden.

Eine ungeheure Verschwendung an Geist und Zeit wird hier sinnlos betrieben.

Die gängigste Ausrede auf diesem Gebiet lautet:

»Was schreibt, das bleibt«, womit angedeutet werden soll, daß bei vielen Menschen der Weg zum Gehirn über die Hand geht. Das kann sein. Vielleicht ist das aber nur so, weil die Erziehung von Jugend an das Mitschreiben fordert. Lehrer, Professoren und Staatsfunktionäre fassen es als Beleidigung auf, wenn ein Hörer nicht über sein Notizheft gebeugt dasitzt, sondern den Redner ansieht. Ich weiß es aus Erfahrung, weil ich nur in besonderen Fällen mitschreibe.

– *Warum lassen Sie sich den Diebstahl Ihrer Zeit durch schlechte Redner gefallen?*

Auf dem Gebiet des Hochschulwesens waren die Zeiten von Gauß vielleicht noch besser als die heutigen (in bezug auf die Vorlesung). Bis zum letzten Weltkrieg hielten die meisten Professoren, zumindest auf naturwissenschaftlichem Gebiet, Vorlesungen mit dem Titel »Ausgewählte Kapitel aus ...«. Dort trugen sie vor, was nicht in Büchern stand oder was ihnen selbst noch nicht ganz klar war. Ein solcher Vortrag war für Sprecher und Hörer ein Gewinn.

– *Verzichte auf das Zuhören, wenn du den Text schriftlich erhalten kannst!*

Im ZIS entstanden im Laufe der Jahre viele Arbeitsbehelfe, um in der Ausbildung von Schweißingenieuren das Mitschreiben zu reduzieren.

Es ist leider nicht möglich, den etwa dreißigjährigen Besuchern unserer Lehrgänge die Schreibsucht abzugewöhnen, weil die Zeit dazu zu kurz ist. Doch durch programmierten Unterricht, Verwendung von Vordrucken und durch auf die Vorlesung abgestimmte Lehrbücher läßt sich eine merkliche Verkleinerung des Aufwandes erzielen. Diesen Zeitgewinn nutzten wir, um unseren Lehrgangsteilnehmern zusätzlich Wissensstoff zu vermitteln.

Viele Menschen, vor allem, wenn sie in leitender Stellung sind, klagen über Zeitmangel. Sie übersehen, wieviel Zeit sie mit Zuhören vergeuden.

- *Wehre dich gegen »Vorlesungen«!*
- *Nimm andere Arbeiten mit, wenn du unbedingt einen Vortrag hören mußt!*
- *Es ist für die Gesundheit besser, zu schlafen, als mitzuschreiben, was bereits schriftlich vorhanden ist!*
- *Gutenberg erfand vor fünfhundert Jahren die Buchdruckerkunst. Nutze sie!*
- *Wenn deine dienstliche Stellung es erlaubt, unterbinde lange Reden!*

Der Multifunktionär J. W. von Goethe

Produziere mehr Ideen, als du brauchst!

Wir alle kennen den gehetzten Kollegen, der Mitglied in sämtlichen nur denkbaren Gremien und Kommissionen ist. Er schimpft wie ein Rohrspatz, weil er gleich nach der Zusammenkunft der einen Kommission zur nächsten eilen muß. Wenn er »gesellschaftlich« weniger belastet wäre, versichert er, würde er natürlich fachlich viel mehr leisten.

Hier treffen wir wieder die menschliche Eigenschaft, für mangelhafte Leistungen eine oder mehrere Entschuldigungen bereit zu haben. Schuld sind immer die anderen! Natürlich weiß unser Kollege genau, wofür ihm sein Betrieb sein Gehalt zahlt. Er weiß auch, was er eigentlich dafür leisten müßte. Aber irgendwie klappt es nicht, weil er dringend zur nächsten Sitzung muß.

Nun gibt es tatsächlich in vielen Betrieben Mitarbeiter (falls dieser Ausdruck hier noch am Platz ist), die einfach zu oft zu Sitzungen aller Art müssen. Hier trifft die Vorgesetzten die Schuld, weil sie die notwendigen (und nicht notwendigen) Ehrenämter nicht genügend gleichmäßig verteilten. Von diesen Opfern der Kommissionen und Sitzungen sprechen wir nicht. Die meisten Menschen, die mir ihr Leid mit der Überlastung klagten oder die ich wegen mangelnder fachlicher Leistungen tadeln mußte, saßen in nur wenigen Gremien.

Im Jahre 1970 untersuchten wir im ZIS die Belastung durch gesellschaftliche Funktionen unserer 180 Ingenieure. Sie hatten 321 Ämter! Die einfache Mitgliedschaft ist hier nicht mitgerechnet. Im Durchschnitt ist demnach jeder der Befragten eindeutig zweimal Vorsitzender, Kassierer, Schriftführer oder sonst etwas in einer gesellschaftlichen Organisation.

Da im Institut darauf geachtet wird, daß keine Ämterhäufung auftritt, ist der statistische Wert ziemlich real.

Es treten bei uns auch kaum Leistungsminderungen durch gesellschaftliche Arbeit auf.

– *Der gesellschaftliche Auftrag eines Wissenschaftlers ist es, wissenschaftliche Leistungen zu bringen.*

Im Zusammenhang mit diesen Untersuchungen erkundigte ich mich bei Professor Holtzhauer, damals Direktor der Nationalen Forschungs- und Gedenkstätten Weimar, welche Funktionen Goethe eigentlich alles hatte. Als Stichjahr wählten wir willkürlich das Jahr 1800.

Neben seiner Funktion als Staatsminister hatte Goethe noch sechs weitere Ämter inne:

Mitglied der Ilmenauer Steuerkommission,
Mitglied der Schloßbaukommission,
Oberdirektion des Theaters,
Oberaufsicht über den Botanischen Garten in Jena,
Oberaufsicht über die Bibliothek und das Münzkabinett in Weimar,
Herausgeber der Zeitschrift »Propyläen«.

Daneben arbeitete er wissenschaftlich auf medizinischem, botanischem, mineralogischem und physikalischem Gebiet. Seine Schauspiele, Gedichte und Romane füllen heute meterweise die Bücherschränke. Er besuchte Abendgesellschaften und hatte einen sehr regen Briefwechsel.

Natürlich hatte der Weimarer Staat nicht mehr Einwohner als heute eine Mittelstadt. Dafür lagen aber die einzelnen Dörfer und Städte soviel Reitstunden von Weimar entfernt wie heute Berlin, in Autostunden berechnet.

Es besteht Einigkeit darüber, daß Goethe auf allen Gebieten, um die er sich dienstlich oder privat kümmerte, Leistungen erzielte.

– *Nicht die Zahl der Ehrenämter belastet, sondern ihre meist geringe Effektivität ist es, die uns Zeit stiehlt.*

Es lohnt sich, Goethes Zeiteinteilung zu verfolgen. Manche seiner Zeitgenossen beschwerten sich, daß er sie bei Besuchen kurz abfertigte. Er hatte seine Gründe, denn auch im Jahr 1800 hatte der Tag nur 24 Stunden.

Bedenke die Kosten

Eine der merkwürdigsten Sachen am Leben ist,
daß die Armen, die das Geld am nötigsten brauchen,
nie welches haben.
(Finley Peter Dunne)

Da ich immer versuche, alle Probleme mit Zahlen zu verbinden, habe ich auch zum Sitzungsproblem einige Zahlen zusammengetragen. Einen Monat lang ließ ich die für mich eingehenden Einladungen zählen. Im November 1970 waren es 75 Stück. Davon kamen 70 von Orten außerhalb Halles, und ich hätte wegen des Weges mindestens einen Tag für die Teilnahme benötigt.

Nun ist der November ein Monat, in dem viele Sitzungen einberufen werden, um irgendein Soll für den Jahresbericht abzuarbeiten. In anderen Monaten ist die Zahl der Einladungen nicht so hoch, mit Ausnahme des Septembers. Da kommen alle mit frischen Kräften aus dem Urlaub zurück.

Interessant sind Überlegungen, was in den Urlaubswochen alles funktioniert, obwohl (oder weil) so viele Menschen nicht in den Betrieben und Dienststellen sind.

Die Kosten von Sitzungen und Besprechungen werden leider sehr selten bedacht. Es gibt sogar Auffassungen, sie kosten nichts, weil man ja sowieso im Betrieb sei.

– *Wer in einer Besprechung sitzt, schafft keine Werte.*

Ich berechne fast immer, was der »Spaß kostet«, wenn ich unbedingt zu einer Sitzung muß. Wenn in Berlin 20 gut bezahlte Leute aus der Provinz zusammenkommen, so fallen an Kosten deren Gehälter an, und zwar für einen Tag, nicht nur für die drei oder vier Stunden, in denen sie zusammen sind. Auch die Fahrtkosten müssen berechnet werden. Selbst wenn sie »billig« mit der Bahn anreisen, darf nicht vergessen werden, daß die Fahrpreise nicht kostendeckend sind. Und – was das teuerste ist – der Tag ist für wertschaffende Arbeit verloren.

Viele Besprechungen würden ausfallen, wenn der Vorsitzende am Schluß der Veranstaltung sagen müßte: Diese Sitzung hat soundsoviel tausend Mark gekostet.

– *Berechne die Kosten jeder Sitzung.*

Um alle meine Einladungen des Monats November 1970 zu besuchen, hätte ich gebraucht: 70 Arbeitstage, 25 000 Kilometer An- und Abfahrt.

Nun könnten wir uns damit trösten, daß ich weder die Zeit noch die Kilometer verbrauchte, weil ich nur zu 3 Besprechungen fuhr. Doch dieser

Trost ist nur schwach. Denn die übrigen 72 Sitzungen fanden ja statt, und irgendwer hat sicher teilgenommen. Die entsprechenden Kosten sind also angefallen.

Damit ich richtig verstanden werde, ich werte hier nicht die Sitzungen im allgemeinen oder irgendeine im besonderen, ob sie nötig, gut oder schlecht sind. Ich berichte nur von Erfahrungen, die ich in meiner Laufbahn sammelte und die ich benutzte, um mein Denk- und Leistungsvermögen zu steigern.

Wie entsteht eine Sitzung?

Auch Nichtwissen kann Macht sein.

Mein Mitarbeiter, C.-D. Starke, und ich schrieben vor Jahren ein Manuskript mit dem Titel »Die Kunst der kurzen Sitzungen«. Einzelne Abschnitte druckte damals die »Wochenpost« ab. Es gelang uns aber nicht, einen Verlag zu überreden, das Manuskript als Buch zu drucken.

Wir stellten unter anderem zusammen, warum Sitzungen überhaupt stattfinden:

Für jede offizielle Zusammenkunft sind mindestens zwei Personen notwendig: der Einlader und der Eingeladene. Meistens sind die Eingeladenen weitaus in der Überzahl. Erstaunlicherweise und entgegen der landläufigen Ansicht ist es gerade die

Gruppe der Eingeladenen, die Sitzungen häufig macht und sie in die Länge zieht, wie wir im weiteren Verlauf erkennen werden. Befassen wir uns einmal mit den Motiven der beiden Personengruppen:

Der Einladende (oder die Gruppe der Einladenden) wünscht eine Besprechung, weil:
- Informationen anzugeben sind,
- eine Meinung zu einem Problem gebildet werden soll,
- ein Beschluß gefaßt werden muß,
- eine Sitzung termingemäß fällig ist,
- eine unbequeme Einzelentscheidung auf ein Kollektiv abgewälzt werden soll,
- eine andere Gruppe nicht sagen soll, sie wäre nicht gefragt worden,
- Einladen ein Statussymbol ist, das eine Rangordnung festlegt,
- »wir mal wieder zusammenkommen müßten«.

Sicher gibt es noch einige Gründe mehr, aber die häufigsten haben wir erfaßt.

Bei allen drängt sich die Frage auf, ob der zu erreichende Zweck nicht in einer einfacheren Form erreicht werden kann.

Nun zur größeren Gruppe der Eingeladenen. Sie gehen zu Sitzungen, weil
- der diensthöhere Kollege sie eingeladen hat,
- sie eingeladen sind, also Gewohnheit,
- sonst Blödsinn beschlossen wird,
- sonst über uns »dumm gequatscht« wird,
- es ein Statussymbol ist (ich war gestern beim Direktor!),

- die Teilnahme das Gefühl des Tätigseins vermittelt,
- man ja irgend etwas tun muß,
- man außerdem noch etwas in Berlin (oder sonst einem Ort) zu tun hat,
- Kollege Meyer auch geht.

Fassen wir alle Gründe zusammen, so sehen wir neben den sachlichen Motiven sehr viele persönliche. Der Einlader beruft die Besprechung ein, weil es für ihn der einfachste Weg ist, ein bestimmtes Ziel zu erreichen. Der Eingeladene kommt, weil er sich davon den wenigsten Ärger verspricht.

- *Du sollst weder eine Besprechung einberufen noch an einer teilnehmen, wenn du nicht genau weißt, warum!*

Das Programm der Vorbereitung

Es ist der letzte Strohhalm, der dem Kamel das Kreuz bricht.

Veranstaltungsvorbereitungen sind weitgehend Routinearbeit. Daher ist es richtig, die Vorbereitung nach bestimmten Programmen ablaufen zu lassen.

Warum?

Als erstes müssen wir uns über das Ziel klar sein. Die verschiedenen Gründe, die zu Einladungen führen, haben wir bereits besprochen. Wir nehmen an, daß für unsere Leser nur die sachlichen Gründe eine Rolle spielen (trotzdem nochmals selbstkritisch überprüfen).

Wenn Sie jetzt diesen Grund oder diese Gründe formulieren und am besten niederschreiben, werden Sie bemerken, daß die Formulierung fast immer sehr allgemein ist. Ein guter Prüfstein ist die »dumme« Frage: Warum?

Ich will den Wissenschaftlichen Rat einberufen.
Warum?
Vor dem Rat sollen die Forschungsergebnisse des letzten Jahres verteidigt werden.
Warum?
Ich will durch ein neutrales und sachkundiges Gremium ein Urteil über die Ergebnisse der Arbeiten haben.
Warum?
Damit ich einen echten Maßstab für die Leistungen der Forschungsstelle habe.
Warum?
Ich möchte wissen, ob die Leistungen und Ergebnisse dem Weltstand entsprechen.
Warum?
??????

Der Grund zur Einberufung dieser Tagung des Wissenschaftlichen Rates ist also: Prüfung der Forschungsergebnisse durch Weltstandsvergleich.

Die dumme Fragerei kann auch zu einem ganz anderen Ergebnis führen.

Ich will die Erzeugnisgruppe einberufen.

Warum?
Sie soll über die Spezialisierung der Gehäusefertigung beraten.
Warum?
Damit wir bei uns größere Serien erhalten.
Warum?
Damit wir billiger werden.
Warum?
Wir liegen über dem Weltmarktpreis.
Warum?

Hier gibt es zwei Antwortmöglichkeiten:

a) Weil unsere Serien zu klein,
b) weil in unserer Produktion diese und jene Faktoren zu teuer sind.

Wenn die zweite Antwort herauskäme, wozu natürlich eine große Portion Ehrlichkeit gehört, brauchte die Erzeugnisgruppe nicht unbedingt einberufen zu werden.

- *Lege die Gründe für die Zusammenkunft fest!*
- *Prüfe, wieweit sich die Gründe präzisieren lassen!*
- *Gib die Gründe in der Einladung an!*

Wann?

Die einfachste, verbreitetste und schlechteste Terminfestsetzung erfolgt nach dem Grundsatz: Der Chef hat Freitag von 10 bis 12 Uhr Zeit, folglich findet dann die nächste Sitzung statt. Dieser Festsetzung liegt der autoritäre Glaube zugrunde, daß der Diensthöchste nicht nur am meisten weiß und kann (warum beruft er dann überhaupt eine Beratung ein?), sondern daß seine Zeit auch am kostbarsten ist.

Wir sind alle von Terminen geplagte Menschen. Kaum ist die Frühjahrsmesse in Leipzig vorbei, beginnt die Planung für das nächste Jahr. Dann folgt die Berichterstattung über das vergangene Quartal vor den verschiedensten Gremien. Dazwischen liegen der Sommer- und der Winterurlaub sowie die Dienstreisen ins Ausland. Und dann ist bereits wieder Messezeit. Bedenken wir, daß auch andere Leute in Terminpläne eingespannt sind, und berücksichtigen wir das bei der zeitlichen Festlegung von Besprechungen.

Verfahren wir bei der Einladung so, daß möglichst viele Interessen berücksichtigt werden. Natürlich wird es kaum möglich sein, alle Terminwünsche zu berücksichtigen, aber eine gewisse Abstimmung bietet doch für alle große Vorteile. Bei kleineren Teilnehmerzahlen empfiehlt sich ein

Telefongespräch oder ein Fernschreiben mit Terminvorschlägen. Bei regelmäßigen Zusammenkünften lohnt sich eine langfristige Festsetzung, die auch eingehalten werden muß. Viele Organisationen und Betriebe haben Sprechtage, an denen nicht gereist werden darf.

– *Termine sind »heilig« und unbedingt einzuhalten.*

Kurzfristige Einladungen sind meistens unerwünscht, weil dadurch bereits feststehende Termine umgestoßen werden. Zwei bis drei Wochen sind eine angemessene Frist für eine Einladung.

Wichtig ist auch die Tageszeit. Besprechungen im Betrieb sollen möglichst den Arbeitstag nicht auseinanderreißen. Andererseits möchte natürlich jeder leitende Mitarbeiter morgens wissen, was in seinem Betrieb los ist, bevor er zu einer Sitzung geht. Daher muß man ihm 15 bis 20 Minuten Zeit geben.

Es ist ungünstig, eine Besprechung im Winter um 9 Uhr beginnen zu lassen, wenn die Teilnehmer 300 Kilometer Anmarschweg haben. Entweder müssen sie dann bereits kurz nach Mitternacht aufstehen oder am Tag vorher fahren. In diesem Fall würden sie sich bestimmt freuen, wenn die Sitzung bereits um 8 Uhr beginnt und sie dafür eine Stunde eher fertig sind. Sehr selten steht auf einer Einladung der voraussichtliche Schluß der Zusammenkunft. Aber gerade für auswärtige Teilnehmer ist dieser Zeitpunkt wichtig. Sie können weitere Besprechungen verabreden oder andere Absprachen treffen und so den Reisetag besser ausnutzen.

- *Prüfe, welcher Tag für möglichst viele Teilnehmer der günstigste ist!*
- *Lade rechtzeitig ein!*
- *Setze den Beginn der Veranstaltung vernünftig fest!*
- *Gib den spätesten (!) Schlußtermin an!*

Wer und wieviel?

Auf diese Fragen wird oft geantwortet:
einen mehr als nötig
oder: alle, die informiert werden müssen,
oder: alle, die zu dem Thema etwas zu sagen haben.

Da wir aber kurze (und inhaltsreiche) Sitzungen wünschen, gehen wir von der Fragestellung aus: Wieviel Minuten, Stunden oder Tage will ich dem Besprechungsthema zubilligen? Nehmen wir an, wir wissen aus Erfahrung, daß über ein 100-Millionen-Objekt 10 Stunden diskutiert wird und wir diesen Zeitaufwand als angemessen empfinden, so können wir leicht eine Zeitskala bilden mit der Einheit, 10 Millionen Mark entsprechen 1 Stunde Diskussion oder 170 000 Mark 1 Minute.

Natürlich ist eine solche Rechnung nicht richtig. Sie führt uns aber zu der Erkenntnis, daß der Zeitaufwand für eine Sitzung nicht unbedingt proportional ihrer Wichtigkeit ansteigt. Oder einfacher ausgedrückt: Über Sachen, die weniger wichtig oder kostspielig sind, wird meist länger diskutiert als über entscheidende Fragen. Auf diesen »Unwichtigkeitseffekt« gehen wir später noch genauer ein. Hier ziehen wir nur die Konsequenz, daß wir

einen Zeitaufwand festlegen müssen (das tun viele) und daß dieser Aufwand zu der Wichtigkeit und Kompliziertheit des Themas in einem angemessenen Verhältnis stehen muß. (Das wird selten gemacht!)

Übrigens, die oft gehörte Einteilung »bis zum Mittagessen erledigen wir Punkt eins und zwei« ist hier nicht gemeint, sondern eine echte Einteilung. Also: Punkt 1 mindestens 20 Minuten bis höchstens 35 Minuten.

Nun überlegen wir, wie lange werden die einzelnen reden. Wir berücksichtigen dabei in erster Linie, von wo aus sie sprechen:

Diskussionsredner von einem Pult aus benötigen bei einer Redezeitbegrenzung von 10 Minuten durchschnittlich 15 Minuten. Personen, die stehend vom Platz aus sprechen, reden etwa 10 Minuten. Diskussionsbeiträge, die im Sitzen gebracht werden, dauern etwa 5 Minuten.

Jetzt teilen wir die vorgegebene Zeit durch die durchschnittliche Rededauer und erhalten so die optimale Zahl der Einzuladenden. Optimal, weil jeder einmal zur Sache sprechen kann. Das setzt voraus, daß wir nur Leute einladen, die bestimmt etwas vom Thema verstehen und sich auch dazu äußern. Sicher gibt es noch mehr Fachleute, die einen »Diskussionsbeitrag bringen würden« (ein herrlicher Ausdruck). Aber sie können nicht zu Wort kommen, es sei denn, wir erhöhen die Sitzungsdauer (was wir nicht wollen) oder verkürzen die Redezeit. Jedoch die Redezeit verkürzen bedeutet, daß wir sie vorher zu lang angesetzt haben!

In 1 Stunde können 12 Personen je 5 Minuten reden, müssen aber 55 Minuten zuhören.

Es taucht noch die Frage auf, ob dann zu erwarten ist, daß jeder zur Sache spricht. Ja, er muß. Sonst haben wir den falschen Mann eingeladen. Damit hängt eng das Vertreterproblem zusammen. Wir laden den Generaldirektor, Prof. Dr.-Ing. Dr. h. c. Müller, ein. Es erscheint bestimmt ein Vertreter, der in letzter Minute vom Generaldirektor den Auftrag erhielt, hinzufahren und meistens von nichts weiß. Daher ist es günstiger für Besprechungen, bei denen es um fachliche Dinge geht und nicht so sehr um Repräsentation, gleich den richtigen Mann einzuladen, der etwas von dem Fall versteht und der auch kommt.

Schließlich kommen zu den Sachkundigen die Teilnehmer, die informiert werden müssen. Ihre Bedeutung wird meistens überschätzt. Außerdem ist es fast immer einfacher, die Informationen schriftlich oder mündlich auf die Bekanntgabe des Sitzungsergebnisses zu beschränken.

- *Stelle fest, wieviel Zeit dir die Sache wert ist!*
- *Gib eine Diskussionszeit vor!*
- *Errechne daraus die optimale Zahl der Teilnehmer!*
- *Lade nur Leute ein, die zur Sache sprechen können, und zwar sachkundig!*
- *Lade nicht »nach dem Dienstgrad« ein, sondern nach der Sachkenntnis!*
- *Stelle fest, wer über das Sitzungsergebnis informiert werden muß!*

Wo?

Unter den Bedingungen der Operationsforschung sollte jeder Tagungsort nach dem Anmarschweg der Teilnehmer und den Kosten minimiert werden. In der Praxis wird meist der für den Einberufer günstigste Ort gewählt. Die Kennzeichen auf den Nummernschildern der Kraftwagen, die auf den Parkplätzen vor den Verwaltungsgebäuden stehen, beweisen das. Auch vergessen viele Einlader, daß zu jeder Hinfahrt auch eine Rückfahrt gehört, die die Kosten verdoppelt.

– *Bedenke, wie sehr die Eingeladenen sich freuen, wenn sie merken, daß du Rücksicht auf ihren Anmarschweg genommen hast!*
– *Berücksichtige, daß jeder Ort ein Sitzungsklima hat. Es ist in Berlin anders als in Bad Berka!*

Wie?

Nachdem die Fragen warum, wann, wer, wieviel und wo überlegt sind, laden wir ein. Die üblichen Formen reichen vom schmierigen hektographierten Zettel bis zur gedruckten Einladungskarte und von der Befehlsform bis zur höflichen Bitte.

Über jeden Schreibtisch ergießt sich täglich eine Papierflut. Ob man will oder nicht, eine erste Einschätzung erfolgt nicht nach der Wichtigkeit, sondern nach dem Aussehen des Briefes. Ein kaum leserlicher Abzug hat auf den ersten Blick wenig Aussichten, seinem vielleicht wichtigen Inhalt entsprechend beachtet zu werden. Nun gibt es die

Ausrede: »Wir haben keine Schreibkräfte und keine Zeit.« Eines steht jedoch fest: Wer keine Zeit hat, eine ordentliche Einladung zu schreiben, kann schwerlich verlangen, daß andere Zeit für seine Probleme haben.

Falls wir öfter zu Besprechungen oder Tagungen einladen, ist es günstig, dafür stets die gleiche äußere Form zu verwenden. Eine Einladung ist eine Art Werbung, an einer Veranstaltung teilzunehmen. Daher schadet es nichts, bei den äußeren Formen der Werbung kleine Anleihen zu machen. Zigaretten oder Pralinen, in eine alte Zeitung eingewickelt, können sehr gut sein. Wir werden trotzdem lieber eine Ware in einer ansprechenden Verpackung nehmen.

- *Wähle eine Einladungsform, die der Besprechung angemessen ist!*
- *Wenn du keine Zeit für eine ordentliche Einladung hast, erwarte nicht, daß die Eingeladenen Zeit für dich haben!*
- *Wenn du oder eine Dienststelle öfter Einladungen verschicken, wähle eine einheitliche Form!*
- *Überlege, ob du die Einladungen an eine Person oder an die Dienststelle adressierst!*

Werter Kollege Müller!
Ich möchte den Postdurchlauf in unserem Betrieb verbessern, so daß er höchstens sechs Stunden beträgt.

Daher bitte ich Sie, an einer Besprechung am Dienstag, dem 1. April, 7.30 Uhr im Sitzungszimmer teilzunehmen.

Ich habe außerdem noch sechs weitere Mitglieder geladen (siehe Verteiler).

Bitte äußern Sie sich vor allem zur Frage der Beschwerdebriefe von Kunden.

Wir werden spätestens bis 9 Uhr fertig sein.

Meyer

Das Sitzungszimmer

Vieles macht man nur richtig, weil andere einen hindern, etwas falsch zu machen.

Es ist erstaunlich, wie selten die Atmosphäre des Sitzungsraumes benutzt wird, um die Dauer der Besprechung zu beeinflussen.

Je nach der Zahl der Teilnehmer schwankt die Zahl der benötigten Stühle zwischen mindestens 2 und 1000 oder mehr. Der Raum muß in seiner Größe dazu passen. Je überfüllter der Raum ist oder doch wirkt, desto eindrucksvoller kann die Veranstaltung sein. Wir wissen, daß das beste Theaterstück nicht ankommt, wenn der Zuschauerraum gähnend leer ist.

5 Männer an einem Tisch, der nur Platz für 4 Personen hat, ergibt eine Atmosphäre der Betriebsamkeit. 10 Männer an einem Tisch, der 20 Plätze hat, das wirkt unterkühlt und verloren. Sessel machen einen anderen Eindruck als Holzstühle. Ein sachlicher Raum zwingt zur Sachlichkeit.

Insgesamt soll der Raum oder Saal etwa folgende Eigenschaften besitzen: Er soll so klein wie möglich sein, mit guter, zugfreier Lüftung. Jeder soll jeden sehen und hören können. Die Stühle dürfen einfach und hart sein. Viel Tageslicht oder sehr helles künstliches Licht gegen helle Wände. Möglichst keine Bilder oder sonstige Ablenkungen.

Ich bin ein Spezialist für Canaletto-Bilder geworden, weil mir in einem Sitzungsraum eines davon immer »vor der Nase« hing.

Wohlgemerkt, hier wird ein Raum beschrieben, in dem möglichst kurze, sachliche Besprechungen stattfinden sollen.

Wenn der Zweck der Zusammenkunft darüber hinausgeht, zum Beispiel wenn eine Repräsentation damit verbunden ist, gelten natürlich andere Gesichtspunkte.

- *Das Sitzungszimmer soll möglichst einen Platz zuwenig haben.*
- *Das Zimmer soll keine Ablenkung zulassen.*

Der Empfang

Ich meine, was ich sage, was bedeutet:
ich sage, was ich meine.
(Lewis Carroll)

Es gibt Liebe auf den ersten Blick. Es gibt aber auch schwierige Charaktere, die ihre Ecken und Kanten erst gegenseitig abschleifen müssen, ehe sie Kontaktflächen bekommen.

Zu einer Sitzung werden immer Menschen kommen, die sich fremd sind und sich vom Typ und Charakter her unterscheiden.

Nach dem Gesetz des Wahrscheinlichkeit halten sich normalerweise beide Seiten die Waage. Deshalb gleichen sich Sitzungen prinzipiell (es gibt Ausnahmen) wie ein Hühnerei dem anderen. Wir alle kennen extreme Abweichungen nach beiden Richtungen. Manchmal schwimmt man in Freundlichkeit und vergißt beinahe das Problem, anderenfalls »knurrt« man sich an und denkt nicht mehr daran, daß ein an sich freudiges Ereignis vorbereitet werden sollte.

Aber Sitzungen werden von Menschen mit Menschen für Menschen gemacht. Menschen benehmen sich eben menschlich, egal, wo sie gerade sind.

Gerade deshalb aber sind die »Spielregeln« des menschlichen Umgangs so wichtig, damit man sich etwa in der Mitte trifft und eine für alle erträgliche

Ebene findet. Wir dürfen nicht vergessen, daß diese Ebene die Startbasis für die Kommunikation und deren Mittel ist.

Wer eine Sitzung einberuft, lädt andere ein. Er hat also Gäste! In die Rolle eines Gastgebers versetzt, hat dieser bestimmte Verpflichtungen. Dazu kommt noch, daß derjenige, der zu sich bittet, in der Regel etwas von den anderen will. Selbstverständlich gibt es auch nicht wenige Fälle, da die Gäste eher Heerscharen gleichen, die die »einheimische« Burg belagern und einnehmen wollen. Aber auch oder gerade dann wirkt ein richtiger Empfang entwaffnend, sozusagen als Beginn von »Abrüstungsgesprächen«.

Zum Empfang gehört nicht viel und doch vieles. Er läßt die Grundeinstellung des Einladenden erkennen. Empfange ich Partner, Kollegen, oder betrachte ich sie als Gegner?

Selbst der vermeintliche Gegner ist ja oft genug ein Partner, der aus eigener oder unserer Sicht nur einen anderen Standpunkt hat, im Grunde aber das gleiche Ziel erreichen will.

So ist der Empfang eben ein Behandeln vorm Verhandeln. Er ist ein Einstimmen aufeinander. Empfang ist Atmosphäre. Das Drum und Dran muß nicht vom Imponiergehabe geprägt sein. Es muß Ruhe, Zuversicht und Vertrauen ausstrahlen. Ein hoher Sockel, auf dem man steht, auch wenn man ein solches Denkmal verdient, reizt nur zum Probieren, ob er tönern ist oder bröckelt. Außerdem rede ich von so weit oben über die Köpfe hinweg, in die ich eigentlich hineinwill.

Empfang ist auch das Hineinversetzen in die Person des anderen.

– *Der Empfang stimmt ein.*
– *Auch fachliche Gegner sind deine Gäste.*
– *Der Empfang beginnt beim Pförtner.*

Die Eröffnung

Die erste beste Idee ist manchmal
die letzte gute.

An den einleitenden Worten ist die Persönlichkeit des Vorsitzenden zu erkennen. Wer sich unsicher fühlt, stapelt hoch. Er eröffnet die Quartalsversammlung des Kaninchenzuchtvereins »Langes Ohr« mit einem Referat zur Weltlage (was viel Zeit kostet). Zum mindesten möchte er »zur Eröffnung einige ganz kurze (!) Grundsatzerklärungen abgeben« und wird damit zum Dieb von Zeit.

Wer sich als Veranstalter sehr sicher fühlt, stapelt in der Regel tief. Er verzichtet auf alle Sätze und Tatsachen, die die Zuhörer auch ohne ihn wissen, und sagt nur, was er aufgrund seiner Dienststellung als einziger weiß. Bevor wir uns entscheiden, welche dieser Formen wir wählen, sagen wir natürlich, daß wir jetzt anfangen.

Unter Umständen müssen wir uns selbst oder andere Anwesende noch einmal offiziell vorstellen.

> »Ich begrüße Sie zu unserer Diskussion über die weitere Entwicklung des Lichtstrahlschweißens. Ich bin Max Müller, der Institutsdirektor. Dies ist Professor Doktor Meyer, mein Vertreter.«

Kollege Müller stapelt tief: Wer einen Professor als Vertreter hat, braucht sich um eigene Titel nicht zu kümmern. Jetzt schaut er auf die Liste der Eingeladenen, die eine fürsorgliche Sekretärin vorher (!) für ihn angefertigt hat. Dort entdeckt er einen prominenten Namen. Also fährt er fort: »Ganz besonders begrüße ich usw. usw.«, womit er todsicher irgendeinem fast genauso prominenten Gast auf die Zehen getreten hat und wieder Zeit stiehlt.

Natürlich lassen sich bei offiziellen Anlässen solche Begrüßungen nicht vermeiden. Aber im gewöhnlichen Dienstbetrieb sollte man sie fortlassen oder sich allgemein ausdrücken.

> »Es ist eine Anzahl Gäste anwesend (Rundblick), die ich herzlich willkommen heiße.«

Wenn der Vorsitzende ein sehr korrekter Mann ist, macht er nun einen weiteren Fehler. Er sagt:

> »Leider ist der Vertreter des Ministeriums, den wir bereits vor drei Wochen eingeladen hatten, nicht erschienen.«

In den Köpfen der Anwesenden formt sich gleich der Gedanke: Wenn der wegbleibt, dann wird die Sache wohl auch nicht wichtig sein. (Dabei stellt sich später heraus, daß der Ministeriumsvertreter einen Unfall hatte und die Besprechung für sehr wichtig hielt.)

Aber der falsche Eindruck ist erst einmal da.

– *Die Einleitung kann gar nicht kurz genug sein!*
– *Niemals Abwesende erwähnen!*

Jetzt sind wir soweit, daß wir uns entscheiden müssen, wie wir den fachlichen Teil beginnen wollen: entweder sehr offiziell oder möglichst einfach und kurz. Verzichten wir nicht auf eine Einleitung, denn wir müssen die Teilnehmer »einstimmen«.

Am besten ist, wir stecken das Ziel der Veranstaltung ab. »Wir möchten gerne Ihre Meinung über das Lichtstrahlschweißen hören.« Bevor die Besprechung aber richtig losgeht, müssen wir noch die Spielregeln festlegen. Es gibt nahezu für alle Tätigkeiten, an denen mehrere Menschen beteiligt sind, gewisse Spielregeln, die mündlich oder schriftlich festgelegt sind. Das beginnt bei »Mensch ärgere dich nicht!« und gilt auch bei Vorträgen.

Vor jeder Olympiade schwören die Teilnehmer, die Regeln einzuhalten. Nur bei Tagungen, Konferenzen und Besprechungen ist dies Regelsystem noch lückenhaft. Es geht selten über eine Begrenzung der Diskussionszeit hinaus.

Nun ist die Festlegung der Redezeit eine sehr zweifelhafte Sache. Wer wenig (oder nichts) zu sagen hat, darf genausolange sprechen wie jemand, der entscheidende Gesichtspunkte entwickeln will. Daher ist es besser, nicht die Redezeit, sondern den Inhalt der Reden festzulegen. Max Müller fährt also fort:

> »Um die Diskussion nicht ins Uferlose anschwellen zu lassen, bitte ich Sie folgendes zu beachten:
>
> Wir wollen nur über wesentliche Punkte sprechen, das heißt nur über Fälle, wo die Lichtstrahlschweißung einen größeren Nutzen als eine Million Mark im Jahr bringen kann.
>
> Wir wollen grundsätzlich nichts wiederholen, was jemand vor uns bereits gesagt hat.
>
> Wer mit einem Punkt einverstanden ist, verzichtet auf jede Diskussion dazu. Lassen Sie bitte alle Einleitungen und Abschweifungen fort.
>
> Falls Sie die Absicht haben, Ihren Beitrag zu verlesen, verzichten Sie bitte aufs Wort. Wir lassen das Manuskript schnell vervielfältigen und verteilen es dann.«

Je nach der Art und dem Zweck der Veranstaltung lassen sich solche Regeln abändern und ergänzen. Falls es sich um Sitzungen handelt, die routinegemäß mit den gleichen Teilnehmern erfolgen, werden solche Regeln sehr schnell zur Gewohnheit. Alle Erfahrungen zeigen, daß die Teilnehmer gerne auf solche Festlegungen eingehen, um so mehr, wenn sie merken, daß dadurch die Besprechungen wirklich kürzer werden, ohne an Substanz zu verlieren.

Nach dieser Zwischenbemerkung über Regeln fahren wir fort in der eigentlichen Eröffnung, indem wir von den Vorschriften zur Aufgabe überleiten.

> »Sie gestatten sicherlich, daß ich den einen oder anderen im Verlauf der Besprechung daran erinnere, diese Spielregeln einzuhalten. Wir wollen ja alle schnell fertig werden, andererseits möchten wir natürlich möglichst alle wesentlichen Punkte der Lichtstrahlschweißung erfassen.
> Vielleicht ist es gut, wenn Professor Meyer uns den heutigen Stand erzählt. Sie haben sechs Minuten Redezeit.«

Mit dem letzten Satz haben wir gleich eine Norm gesetzt. Natürlich werden alle aufpassen, ob Meyer wirklich 6 Minuten spricht, und natürlich haben Sie als guter Vorsitzender dafür gesorgt, daß Professor Meyer nur 5 Minuten redet.

Damit haben wir so ziemlich alles zur Einleitung Notwendige erledigt – mit Ausnahme der »organisatorischen Fragen«. Es ist Geschmacksache, wann wir darüber sprechen. Am einfachsten schreiben wir alle notwendigen Dinge (Quartier, Essen usw.) auf Zettel, die wir vor der Sitzung verteilen.

Eine andere gute Methode ist es, diese Fragen nach der ersten Fachdiskussion zu bringen. Wenn in unserem Beispiel Professor Meyer fertig ist, taucht doch das Problem auf, wer als erster dazu spricht. Die üblichen Hemmungen können wir abbauen, wenn wir den Termin für das Essen bekanntgeben.

- *Kurze Eröffnung – kurze Sitzung.*
- *Lege das oder die wichtigsten Ziele der Besprechung fest!*
- *Setze Spielregeln fest und halte dich daran!*
- *Schaffe ein Beispiel für diese Regeln!*
- *Überlege, wann und wie du Organisationsfragen regelst!*

Rauchen oder nicht!

Mein Ruf wird bei jedem Fehlschlag besser!
(Bernard Shaw)

Ich bin grundsätzlich gegen das Rauchen bei Besprechungen. Hierbei sind nicht etwa die gesundheitlichen Gründe maßgebend, sondern nur der Zeitgewinn oder Zeitverlust.

Ein Raucher, der an seiner Zigarette oder Pfeife saugt, hat das Gefühl der Beschäftigung (genauso wie ein Säugling am Daumen nuckelt). Er (der Raucher) verrichtete aber dabei nicht unbedingt Arbeit, vor allem nicht während einer Sitzung. Er wird sich nur nicht so sehr langweilen wie Nichtraucher. Daher wird er auch nicht so sehr auf das Ende der Besprechung drängen, zumindest solange er noch Tabak in der Tasche hat.

Umgekehrt werden potentielle Raucher es sehr eilig haben, mit der Zusammenkunft fertig zu werden, wenn sie nicht rauchen dürfen.

– *Rauchverbot verkürzt jede Besprechung.*

Es ist natürlich auch möglich, das Rauchen mit Absicht zu verwenden, um Zeit zu gewinnen. Doch erlebte ich diesen Trick nur bei einer Person in all meinen Dienstjahren. Wenn um 1950 mein damaliger Direktor L. an einer wichtigen Besprechung teilnahm, sog er an seiner Pfeife. Vor ihm lagen säuberlich aufgereiht: ein Aschenbecher, eine Schachtel Streichhölzer, ein Pfeifenreiniger aus Metall und einige Dochte zum Reinigen des Mundstückes.

L. war ein scharfsinniger Denker und ein sehr guter Rechner. Aber mitunter wurde er doch vor Probleme gestellt, die er nicht sofort beantworten konnte. Dann spielte sich folgendes ab:

»Ihre Ausführungen, Herr Minister« (das Mundstück wird vom Pfeifenkopf geschraubt), *»sind durchaus«* (das Mundstück wird gegen das Licht gehalten, und L. schaut hindurch) *»überlegenswert«.* (Mit einem Docht wird das Mundstück gesäubert.) *»Jedoch muß ich auch«* (der Pfeifenkopf wird mit dem Reiniger ausgekratzt) *»bedenken, daß wir in den letzten Monaten«* (der Kopf wird sehr kräftig auf dem Ascher ausgeklopft) *»gewaltige Anstrengungen unternahmen«* (die Pfeife wird zusammengeschraubt und

einmal durchgeblasen) *»um die Produktion zu erhöhen«* (die Pfeife wird gestopft und schön langsam entzündet).

Inzwischen hatte L. im Kopf eine kleine Rechnung gemacht, was die Forderung des Ministers (damals sagte man noch Herr Minister) bedeuten würde. Und ohne zu stocken, trug er sie nun vor.

Die kleine Anekdote ist einerseits sehr lehrreich, andererseits zeigt sie auch, warum es unmöglich ist, Erinnerungen, die erst dreißig Jahre alt sind, in dieser Form zu schreiben. Noch deutlicher wird das an einem anderen Erlebnis mit L. gezeigt. Er sollte »überzeugt« werden, zu irgendeinem Festtag eine bestimmte Produktionsleistung zu bringen. Er wollte oder konnte es aber nicht.

L. ließ mich kommen und schilderte mir die Situation. »Ich werde mich wehren, solange es mit sachlichen Argumenten möglich ist. Wenn die erschöpft sind, werde ich zögernd zustimmen. Dann sind Sie dran. Sie müssen mich dann beschimpfen, daß ich leichtfertige Zusagen mache, die nicht haltbar sind.«

Es kam, wie vorausgesehen. L. war »überzeugt« und wollte gerade versprechen, die Leistung zu bringen, als ich mit der Faust auf den Tisch schlug und ihn unterbrach.

»Herr L., Sie machen schon wieder (!) leichtsinnige Versprechungen, die nicht eingehalten werden können. In Ihrer Stellung müssen Sie energischer die Belange des Betriebes vertreten ...« usw. Dann kam noch ein Satz mit dem damals beliebten Schlagwort: Opportunist.

L. war tief »beeindruckt« von meiner Rede und war nun von mir »überzeugt«, daß die Sache nicht ging. Aber auch die anderen Sitzungsteilnehmer bestanden nicht mehr auf ihrer ursprünglichen Forderung.

Man sieht, die Methoden der fünfziger Jahre waren nicht immer ganz einwandfrei. Es ist wohl besser, sie noch einige Jahre nicht zu veröffentlichen.

Als Entschuldigung kann ich nur angeben, daß wir alle das Beste wollten.

Die Leitung der Sitzung

Die Fliege, die nicht geklappt sein will,
setzt sich am sichersten auf die Klappe selbst.
(Lichtenberg)

Nachdem wir die Einleitung hinter uns gebracht und die Spielregeln festgelegt haben, kann eigentlich nicht mehr allzuviel schiefgehen, vorausgesetzt, wir achten darauf, daß die Regeln auch eingehalten werden. Die alten Römer hatten das Sprichwort: »Wehret den Anfängen.« Sie sagten es als Römer natürlich auf lateinisch. Wahrscheinlich dachten sie dabei auch an die Sitzungen des römischen Senats. Sobald ein Senator erst anfing, lange zu reden, sprachen die anderen auch endlos. Daher muß der Vorsitzende unbedingt durchgreifen, sobald der erste Teilnehmer gegen die Spielregeln verstößt, das heißt sobald

- er nicht zur Sache spricht,
- zu lange redet,
- er Zensuren verteilt (»ich halte die Vorlage für einen guten Anfang, jedoch ...«)
- er Nebensachen hochspielt,
- er seinen Beitrag vorliest.

– *Es ist immer besser, sich mit einem Teilnehmer zu verkrachen und dafür die Dankbarkeit der übrigen zu ernten als umgekehrt.*

Wenn wir jedoch nicht bereits beim ersten Verstoß

durchgreifen, müssen wir damit rechnen, daß uns später das Argument vorgehalten wird, wir seien parteiisch gewesen.

Von Zeit zu Zeit faßt der Besprechungsleiter das Ergebnis der bisherigen Diskussion zusammen. Er schafft damit eine Plattform, über die offenbar Einigkeit besteht. Damit wird verhindert, daß der nächste Redner wieder von vorn anfängt. Vielleicht merkt er sogar, daß zu diesem Tagesordnungspunkt eigentlich alles gesagt ist.

Ein Kennzeichen für eine straffe Verhandlungsleitung und für disziplinierte Teilnehmer ist es, wenn jemand sagt: »Ich verzichte auf das Wort, da alles, was ich bemerken wollte, bereits gesagt worden ist.«

Wenn der Vorsitzende meint, das Thema sei genügend abgehandelt oder die dafür vorgesehene Zeit sei um, so faßt er nochmals das Ergebnis der Diskussion zusammen.

Hier wird oft der Fehler gemacht, daß der Verhandlungsleiter nun einen eigenen Diskussionsbeitrag gibt und sogar noch Zensuren an die Teilnehmer verteilt. So groß auch die Versuchung ist, das letzte Wort, dem nicht mehr widersprochen werden kann, zu haben und es auszunutzen, so wird es doch meistens als unfair empfunden. Wenn sich auch die übrigen Teilnehmer kaum direkt wehren werden (was an sich ihr gutes Recht wäre), so werden sie doch zum nächsten Tagesordnungspunkt mit gemischten Gefühlen übergehen. Je nach ihrem Temperament und ihrem dienstlichen Verhältnis zum Vorsitzenden werden sie ihr

Verhalten einrichten. Auf jeden Fall leidet darunter der sachliche Meinungsaustausch.

Ein geschickter Verhandlungsleiter gibt daher nur das Ergebnis der Diskussion wieder. Er faßt zusammen, worüber kein Streit bestand.

»Für den Bau des neuen Heizhauses waren alle.«

Er stellt die ungeklärten Fragen heraus.

»Jedoch gingen die Meinungen über das günstigste Heizungssystem auseinander.«

Dann legt er die Schlußfolgerungen fest.

»Daher bitte ich die Kollegen Schulz und Meier, über die in Frage kommenden Heizungssysteme Gutachten von der Technischen Hochschule einzuholen.«

Falls der Sitzungsleiter aufgrund seiner Dienststellung allein für einen Beschluß verantwortlich ist und die übrigen Teilnehmer nur eine beratende Funktion ausüben, kann die Schlußfolgerung durchaus lauten:

»Obwohl die meisten die Variante A für die bessere halten, haben mich die Gründe nicht überzeugen können. Ich danke Ihnen für die Mühe, der Sie sich bei der Meinungsbildung unterzogen haben. Jedoch werde ich die Variante B lassen, da die Ausführungen vom Kollegen Schulz mich in meiner Auffassung bestärkt haben.«

Die Lehren:

- *Halte dich an deine eigenen Festsetzungen!*
- *Lasse keine Verstöße durchgehen!*
- *Sprich deine Rüge immer sofort aus!*
- *Fasse immer wieder die Ergebnisse zusammen!*
- *Verteile keine Zensuren, auch keine guten!*
- *Vermeide in der Schlußzusammenfassung einen eigenen Diskussionsbeitrag!*

Wo sitzt der Vorsitzende?

Das Überflüssige,
eine höchst notwendige Sache ...
(Voltaire)

Dieser wichtigen Frage wird fast nie Beachtung geschenkt. Der Leiter einer Sitzung sitzt traditionsgemäß an einer »hervorragenden« Stelle. Solange er aus irgendwelchen Gründen repräsentieren muß oder will, ist das noch vorteilhaft. Bedenklich wird die Sache, wenn wir eine Besprechung oder Tagung haben, auf der über Fachfragen gesprochen wird (also 95 Prozent aller Fälle), und wir den Sitz des Vorsitzenden vom Standpunkt dieses Buches betrachten.

Der Leiter an der Kopfseite des Tisches gibt dem Ganzen immer einen offiziellen Anstrich. Eine T-Tafel, bei der die »Honoratioren« oben sitzen, wirkt noch offizieller.

In allen Fällen werden auch alle Diskussionsbeiträge mehr oder minder (meistens mehr) offiziell ausfallen, das heißt, sie werden sich zu einem großen Teil nicht mit dem Problem befassen, sondern entsprechend weit ausholen, zitieren und »redewirksam« aufgebaut sein.

Ganz bedenklich sind Besprechungen im Dienstzimmer des Vorgesetzten, wenn dieser hinter seinem Schreibtisch sitzt und das »Fußvolk« an dem T-förmig dazugestellten Tisch. Das Problem der Unhöflichkeit und Unkollegialität soll hier nicht näher untersucht werden, weil es nicht Thema dieses Buches ist. Aber auf jeden Fall werden durch diese Sitzordnung alle Besprechungen länger.

Der Chef sitzt an seinem gewohnten Arbeitsplatz. Er hat daher das Gefühl, während der Besprechung zu arbeiten. Daher läßt er sich Zeit (was er natürlich niemals zugeben wird). Die Mitarbeiter sitzen vor dem Chefschreibtisch, meistens noch »zwanglos« nach dem Dienstrang geordnet. Genau in dieser Reihenfolge äußern sie sich auch. Damit ist gesichert, daß die Meinung des Vorgesetzten zur Norm wird und die Diskussionen nur noch über Detailfragen gehen.

Im ZIS befinden sich in den Zimmern der Leiter runde oder ovale Tische. »Oben« ist immer dort, wo der Tüchtigste sitzt. Eine solche Ordnung fördert die Zusammenarbeit, hebt das Diskussionsniveau, senkt den Aufwand für Nebensächlichkeiten und hilft Zeit sparen.

- *Lege fest, wie offiziell die Veranstaltung sein soll!*
- *Wähle danach den Platz des Vorsitzenden!*
- *Denke daran, wenn die Diplomaten nicht mehr weiter wissen, machen sie eine Rundtischkonferenz!*
- *Falls du ein höflicher Mensch bist, leite keine Besprechungen vom Schreibtisch aus!*

Von der Höflichkeit der Könige

Viele Leute wären Feiglinge,
wenn sie nur genug Mut dazu hätten.
(Thomas Fuller)

Falls es stimmt, daß Pünktlichkeit die Höflichkeit der Könige ist, so wollen wir in diesem Punkt absolut königstreu bleiben. Unpünktlichkeit des einen geht stets auf Kosten der Zeit der anderen. Mündliche Vereinbarungen zu Besprechungen sollen immer lauten: »Wir treffen uns um neun Uhr.« Niemals darf es heißen: »Wir treffen uns gegen neun Uhr.« Dann muß immer einer warten.

Viele Veranstaltungen beginnen nicht zur festgesetzten Zeit, weil:
- der Veranstalter nicht auf die Zeit geachtet hat,
- ein prominenter Mann noch nicht da ist,
- »das akademische Viertel« als akademisch (sprich: vornehm) empfunden wird,
- einige noch mit der Straßenbahn kommen,
- der Zug aus Leipzig oft Verspätung hat,
- erst so wenig da sind.

Anfangen bedeutet stets einen Entschluß fassen, und viele sonst tüchtige Menschen schieben einen Entschluß – und sei er noch so einfach – gern etwas hinaus.

Wenn wir eine Sitzung nicht eröffnen, weil noch

nicht alle da sind, so werden beim nächsten Mal noch weniger Teilnehmer pünktlich erscheinen.

Warum sollen die Ordentlichen, Rücksichtsvollen und Pünktlichen auf die Unpünktlichen, »Schlampigen« und Rücksichtslosen warten?

Natürlich gibt es Ausnahmen wie Zugverspätung, Glatteis oder Nebel. Ein guter Einlader berücksichtigt jedoch solche Möglichkeiten in der Terminfestsetzung. Wenn der Zug um 8.30 Uhr eintreffen soll und vom Bahnhof bis zum Sitzungsort 25 Minuten benötigt werden, ist es falsch, den Beginn auf 9 Uhr festzulegen.

Wer zu spät kommt, muß erzogen werden! Oft genügt es, zu schweigen, bis der (oder die) Betreffende Platz genommen hat. Bei Dickfelligen ist es richtig, die Dinge beim Namen zu nennen und keinen Zweifel darüber zu lassen, daß Pünktlichkeit eine Höflichkeitsfrage (und eine der Bedingungen für eine kurze Sitzung) ist. Mit Staunen werden wir immer wieder beobachten, wie Männer, die sonst klug und verständig sind, mit Ausreden kommen, die einem zehnjährigen Schuljungen nicht mehr abgenommen werden. Akzeptieren Sie solche Ausreden nicht:

»Die Straßenbahn fährt nur alle zehn Minuten. Sie fuhr uns gerade vor der Nase weg.«

Auch wenn ein wichtiger Teilnehmer zu Ihrer Veranstaltung zu spät kommt, lassen Sie sich es nicht bieten. Da ja jeder Teilnehmer Pünktlichkeit im Prinzip anerkennt, wird er auch den Tadel schlukken. Bei größeren Besprechungen oder Tagungen empfiehlt es sich, pünktlich die Tür zu schließen und einen energischen Mann als Posten davor zu stellen. Er muß alle Zuspätkommer höflich (wichtig!), aber bestimmt (noch wichtiger!) davon abhalten, die Veranstaltung zu stören. Erst wenn eine kleine Pause eintritt, nachdem die Eröffnungsrede gesprochen worden ist, oder ein Vortrag beendet ist, öffnet er kurz die Tür.

Wer in dem Ruf steht, solche oder ähnliche Methoden zu benutzen, darf mit pünktlichen Besuchern rechnen.

Wenn Sie Teilnehmer einer Besprechung sind, deren Vorsitzender lasch mit den Eröffnungszeiten umgeht, so machen Sie ihn auf die kostbare Zeit aufmerksam. Drücken Sie auf jeden Fall in Ihrem Diskussionsbeitrag Ihre Mißbilligung aus.

Natürlich kann immer einmal beim Veranstalter und beim Teilnehmer eine Terminverzögerung vorkommen. Aber dann bitte: Laut, deutlich und vor allem plausibel entschuldigen!

- *Sei pünktlich!*
- *Lege den Veranstaltungsbeginn so, daß alle rechtzeitig dasein können!*
- *Lege dir «einige passende Bemerkungen« für Zuspätkommer zurecht!*
- *Prüfe, wie du dich vor Störungen durch Nachzügler schützen willst!*
- *Mache in dieser Frage niemals und mit niemandem faule Kompromisse!*
- *Denke daran: Pünktlicher Beginn ist die Vorbedingung für eine kurze Sitzung!*

Das Ende der Veranstaltung

Ich kann allem widerstehen,
nur nicht der Versuchung.
(Oskar Wilde)

Irgendwann und hoffentlich in der vorgesehenen Zeit sind alle Tagesordnungspunkte abgehandelt. Auf den meisten Einladungen steht dann als allerletzter Punkt: *Verschiedenes.*

Wenn bisher alles pünktlich und erfolgreich verlief, wird jetzt die Diskussion schnell uferlos, und die Zeit verrinnt.

Bei einigem Nachdenken wird uns die Sinnlosigkeit dieses Punktes klar. Entweder wir haben eine wichtige Frage, dann soll sie als Tagesordnungspunkt klar genannt werden, oder der Punkt ist nicht so wichtig. Dann lassen wir ihn besser weg. Auch vermeiden wir, daß einige Sitzungsteilnehmer jetzt ihr Herz ausschütten und Dinge vortragen, die nur einen kleinen Kreis interessieren. Die übrigen packen bereits ihre Mappe oder unterhalten sich. Der gute Eindruck der Zusammenkunft geht verloren.

Daher soll das Sitzungsende immer kurz und möglichst überraschend kommen. Falls der Vorsitzende nach jedem Tagesordnungspunkt eine Zusammenfassung gemacht hat, braucht er kein großes Schlußwort zu halten. Den Nutzen der Zusammenkunft muß er jedoch feststellen.

»So, das war's. Ich glaube, wir haben einiges zu den Fragen unserer Prognose und der Investitionen für das nächste Jahr hinzugelernt.«

Er muß entstandene Differenzen ausgleichen.

»Die Meinungen prallten ja teilweise sehr heftig aufeinander. Sie sehen, wie notwendig diese Besprechung war. Es freut mich, daß Sie so mit Leidenschaft dabei waren.«

Er muß sagen, wie es weitergeht.

»Das Protokoll geht Ihnen bis nächsten Mittwoch zu. Da Sie aber unsere Beschlüsse kennen, fangen Sie bitte auch ohne Protokoll sofort an.«

Und er muß sich bedanken.

»Ich danke Ihnen für Ihre Mühe. Guten Heimweg. Auf Wiedersehen.«

- *Schließe die Sitzung kurz.*
- *Vermeide unbedingt ein dahinplätscherndes Versiegen des Stoffes und des Niveaus.*
- *Bedanke dich!*

Das Protokoll

Obwohl unsere Information falsch ist,
verbürgen wir uns nicht für sie.
(Erik Satie)

Nach J. W. von Goethe wird das Wort: »Denn was man schwarz auf weiß besitzt ...« immer wieder zitiert. Aber nur wenige bedenken, daß Goethe es den Schüler sagen läßt und der Teufel diesem ironisch zustimmt.

Natürlich gibt es einige Gebiete, wo »schwarz auf weiß« zwingend vorgeschrieben ist, zum Beispiel beim Brandschutz oder wenn es sich um bares Geld handelt. Auch müssen entscheidende Dinge schriftlich fixiert werden.

Aber die Feststellung: »Kollege Müller machte grundlegende Ausführungen über ...« usw. ist meistens nur für die Eitelkeit vom Kollegen Müller wichtig. Nur selten lohnt es sich, ein Protokoll über den Verlauf einer Sitzung anzufertigen. Der kluge Vorsitzende spricht seine Zusammenfassung zu jedem Punkt auf Tonband (das nur dann eingeschaltet wird) oder läßt sie mitschreiben. Dieses Verfahren macht am wenigsten Arbeit. Die Festlegungen brauchen später nur noch aus dem Rededeutsch in Schriftdeutsch übertragen zu werden und ergeben ein Beschlußprotokoll.

Für Besprechungen, für die immer derselbe Kreis zusammenkommt, kann oft auf ein Protokoll verzichtet werden. Es wird die Regelung beschlossen, daß jeder sich den Beschluß, der ihn betrifft, notiert und daß einer (z. B. ein Assistent) alle Beschlüsse notiert. Im Zweifelsfall gilt die Aufzeichnung des Assistenten. So machen wir es im ZIS.

Ein solches Verfahren spart Zeit und fördert die schnelle Ausführung von Festlegungen. Mißverständnisse kommen dabei kaum vor. Wird aber ein Protokoll angefertigt, müssen es die Teilnehmer schnell erhalten. Wenn eine Niederschrift erst nach Wochen eintrifft (»... und bitten wir auch die Verzögerung zu entschuldigen, weil unsere Sekretärin krank war«), ist es ein Zeichen, daß die Sitzung nicht wichtig war.

Wer über gute Schreibkräfte und etwas Organisationstalent verfügt, legt das fertige Beschlußprotokoll fünf Minuten nach dem Schlußwort vor. Zwei Schreibkräfte schreiben abwechselnd die Festlegungen zu jedem Punkt mit, ein Assistent redigiert sie. Dann werden die einzelnen Blätter vervielfältigt. Bei einer solchen Methode gibt es fast nie Ärger mit dem Protokoll und mit den Terminen der Beschlüsse. Wo eine so schnelle Arbeitsweise nicht möglich ist (warum nicht?), muß das Protokoll spätestens am nächsten Tag verschickt werden.

Ein Protokoll muß unbedingt sachlich sein. Bei Ablaufniederschriften besteht immer die Gefahr, daß absichtlich oder unbeabsichtigt Werturteile eingebaut werden (»... die Ausführungen vom Kollegen Schulze genügten nicht«).

Mitunter werden auch einfach Diskussionen unterschlagen. Daher ist das Beschlußprotokoll vorzuziehen. Es sollte Floskeln vermeiden wie: »Nach einer gründlichen Aussprache, in der die folgenden Kollegen das Wort ergriffen, wurde beschlossen ...«

In einer guten Sitzung ist die Aussprache immer gründlich, weniger von der Länge als vielmehr vom Inhalt her.

Mitunter ist es notwendig, in einem Beschlußprotokoll abweichende Meinungen festzuhalten. Dieses Verfahren muß aber bereits in der Sitzung beschlossen und formuliert werden.

Ein gutes Protokoll soll keine Selbstverständlichkeiten enthalten. Wenn zum Beispiel Werkdirektoren auf einer Besprechung »verpflichtet« werden, eine Verordnung über Arbeitszeitregelung »auszuwerten«, und dieser Tatbestand als Beschluß mit Termin im Protokoll steht, so taucht sofort die Frage nach der Funktion eines Direktors überhaupt auf. Sie schließt doch bestimmte Fragen der Arbeitszeitregelung ein. Eine Sitzung mit Protokoll, die Mitarbeiter zu Tätigkeiten verpflichtet, wofür sie Gehalt empfangen, ist verfehlt.

Im übrigen gilt: Je kürzer das Protokoll, desto eher und sorgfältiger wird es gelesen.

- *Kurze Beschlußprotokolle!*
- *Keine Werturteile!*
- *Wichtige Protokolle sofort herausgeben. Unwichtige überhaupt nicht!*
- *Prüfe, ob »Spielregeln« möglich sind, die ein Protokoll überflüssig machen!*

Zehn Gebote für Besprechungen

Du sollst

1. weder eine Besprechung einberufen noch an einer teilnehmen, wenn du nicht weißt, warum,
2. auf deine und anderer Leute Vorbereitung achten,
3. erforderliche Informationen nicht zurückhalten,
4. an das Ziel der Besprechung denken,
5. die Vergangenheit ruhen lassen,
6. die Meinung der anderen respektieren und deine Dienststellung nicht hervorkehren,
7. keine Killerphrasen verwenden und keine Suggestiv- oder Fangfragen stellen,
8. keine Monologe halten, sondern mit sachbezogenen Fragen die Besprechung fördern,
9. die Anweisungen des Besprechungsleiters beachten und ihn unterstützen,
10. dich an die Ergebnisse der Besprechung halten!

Im Prinzip, ja

Das Buch, das vor allen anderen Büchern in der Welt
verboten werden müßte,
ist der Index der verbotenen Bücher.
(Lichtenberg)

Manche Leser werden bei den Regeln über kurze und erfolgreiche Besprechungen ein wachsendes Unbehagen gespürt haben. Selbst wenn sie zugeben, daß jemand, den sie kennen, mit den angeführten Methoden Erfolg hatte, so bauen sie doch innerlich eine Mauer auf. Im Laufe der Jahre hörte ich bei Diskussionen über kurze Sitzungen viele Argumente. Harmlos waren solche wie: »Das geht bei uns nicht« oder: »Das kann ich mir nicht leisten.«

Gefährlicher sind Fragen wie: »Ist das nicht Manipulation?« Oder: »Ist das nicht ein Verstoß gegen unsere Demokratie?« Mitunter wird auch gefragt: »Hat es überhaupt einen Sinn, Erfahrungen als Regeln weiterzugeben? Muß nicht jeder sich selbst die Hörner abstoßen?«

Das Problem wird am klarsten durch einen Witz aufgedeckt. Ein Philosoph wird gefragt, wie sich sein Familienleben gestaltet:

»Sehr gut«, antwortet er. »Meine Frau und ich haben Arbeitsteilung. Ich entscheide die wichtigen Sachen und sie die weniger wichtigen.«

»Können Sie dafür einmal ein Beispiel angeben?«

»Gern«, sagt der Philosoph, »Ich entscheide beispielsweise, ob das Weltall endlich oder unendlich ist, und meine Frau, ob wir uns einen Farbfernseher oder ein Auto kaufen.«

Über wichtige Fragen, ob wir den Frieden wollen, ob wir den Sozialismus aufbauen wollen oder ob wir für die Abrüstung sind, herrscht sehr schnell Einigkeit. Schwieriger wird es immer, wenn man die Wege dazu festlegen soll. Die meisten Prinzipien leuchten sofort ein. Daher finden sie auch Anhänger. Das Prinzip dieses Buches ist: Zeit sparen und mehr leisten. Aber die Einzelheiten sind immer mit Forderungen verbunden, die wir als erste erfüllen müssen. Daher der innere Widerstand.

Freiheit ist ein großes, erhabenes Prinzip. Die Straßenverkehrsordnung ist ein Regelwerk, das die »Freiheit« des rücksichtslosen Verkehrsteilnehmers beschränkt, um die Freiheit der übrigen zu sichern

– *Verkürzung der Redezeit des einen gibt einem anderen die Möglichkeit, etwas zu sagen.*
– *Die eigene Freiheit endet dort, wo sie die Freiheit des anderen einzuschränken beginnt!*

Einer der größten Organisatoren, W. I. Lenin, hat sich immer wieder mit den Problemen der kurzen Sitzungen und der kurzen Redezeiten auseinandergesetzt. Er forderte am 21. Januar 1920 für den Rat der Volkskommissare: »Ein Minimum an Sitzungen. Die Norm: einmal wöchentlich Rat der Volkskommissare und einmal Rat für Arbeit und Verteidigung je zwei Stunden« (Bd. 35, S. 515).

Interessant ist, daß Lenin den Vorsitzenden nach zwei Stunden ablösen ließ. »Gen. Zjurupa führt den Vorsitz vom Großen Rat der Volkskommissare (nach zwei Stunden wird der Vorsitz Gen. Rykow übergeben)« (Bd. 35, S. 327).

Auch über die Zahl der Teilnehmer dachte Lenin nach. Vor allem störten ihn die Referenten, die zu der Sitzung eingeladen wurden und vor und nach ihrem Referat warten mußten. »Jetzt werden Referenten einfach zur Sitzung eingeladen und warten stundenlang. Das ist sinnlos und barbarisch.« (Bd. 35, S. 501). Er forderte, daß ein Referent nicht länger als 15 Minuten warten dürfe. Das setzte natürlich eine strenge Rededisziplin voraus. Überhaupt gibt es viele Notizen und Anordnungen Lenins, die sich mit dem Abbau von Kommissionen und Sitzungen befassen.

»Es ist an der Zeit, ein allgemeines Reglement des Rates der Volkskommissare zu bestätigen«, schrieb er im April 1919 an D. I. Kurskij:

»1. Den Berichterstattern je 10 Minuten.
2. Den Diskussionsrednern beim erstenmal ... Minuten.
3. Nicht mehr als zweimal sprechen.
4. Zur Tagesordnung: Ein Redner für und ein Redner gegen, je 1 Minute.«

(»Einheit« 4/50, S. 364)

Beim Punkt 2 hat Lenin die Redezeit nicht ausgefüllt, aber es ist anzunehmen, daß er den Diskussionsrednern höchstens 5 Minuten gab.

Es lohnt sich auch, einmal die Anfänge seiner Reden nachzulesen (natürlich auch die Reden selbst!). Im ersten und zweiten Satz kommt er ohne Einleitung zur Sache. Oder besser gesagt: Das Zur-Sache-Kommen ist die Einleitung.

Erst wenn man sich einen Überblick über die Bemühungen Lenins auf dem Gebiet der Rationalisierung der geistigen Arbeit verschafft, wird es verständlich, wie er auf politischem, philosophischem und organisatorischem Gebiet diese Leistungen schaffen konnte.

Natürlich kann nur ein Genie 40 Bände theoretisch-praktischer Untersuchungen schreiben und einen neuen Staat gründen. Aber von seinen Arbeitsweisen läßt sich sehr viel in unser Leben übernehmen.

Die kleine Bürokratie

Jedes Ding hat drei Seiten: meine, deine
und die der Tatsachen.

Im ZIS arbeiten etwa 500 Menschen. Alle haben das Recht auf Urlaub, und alle nehmen Urlaub. Damit die Vorgesetzten, die Lohnbuchhaltung und wer sonst noch daran interessiert ist, benachrichtigt werden, muß ein Urlaubsschein ausgefüllt werden. Er enthält Namen, Betriebsnummer, wer Vertretung macht und wieviel Urlaubstage zustehen, wieviel schon genommen wurden und wieviel jetzt genommen werden. Und zum Schluß müssen der

Vorgesetzte und die Abteilung Arbeit abzeichnen. Das sind, so denkt man, 500 Zettel und 1000 Unterschriften. Weit gefehlt! Eine genauere Prüfung zeigte, daß die Mitarbeiter im Durchschnitt dreimal im Jahr Urlaub nehmen. 14 Tage Sommerurlaub, 8 Tage Schilaufen im Winter und einige Tage, um irgendwelche Feiertage zu verlängern. Es werden demnach 1500 Urlaubsscheine verbraucht und 3000 (!) Unterschriften geleistet.

– *Frage bei kleinen Zeitverlusten: wieviel machen sie aus, wenn sie auf einen Betrieb oder ein Land »umgelegt« werden?*

Natürlich haben wir das Urlaubswesen vereinfacht, nachdem wir diesen Aufwand bemerkten. Aber wir bemerkten ihn 25 Jahre lang nicht.

Das ist das Problem der kleinen Bürokratie. Jeder Verwaltungsvorgang ist, einzeln gesehen, sehr gering. Es lohnt sich nicht (meint man), über ihn nachzudenken. Aber die Summe macht es. Aus sinnlos verschwendeten Minuten summieren sich die Stunden und Wochen. Und für den einzelnen werden im Laufe eines Lebens aus Sekunden auch Stunden und Monate.

– *Es lohnt sich, auch gegen kleine Zeitverschwendungen zu kämpfen.*

Die Hauptschwierigkeit bei Vorschlägen auf diesem Gebiet ist, daß die Vorschriften so eingefahren sind und daß sie sich logisch begründen lassen, meistens mit den Begriffen Ordnung und Sicherheit.

Nun habe ich nichts gegen Ordnung und Sicherheit. Die Frage ist aber, ob sie nicht auch anders zu erreichen oder zu verbessern sei.

Vor dem zweiten Weltkrieg hatte jeder Straßenbahnwagen einen Schaffner, der neben dem Kassieren für die Sicherheit der Fahrgäste zu sorgen hatte. Er »klingelte ab«. Bei einem Straßenbahnzug mit drei Wagen sah das so aus: Der Schaffner des letzten Wagens überzeugte sich, daß alle Fahrgäste den Türbereich verlassen hatten. Dann zog er eine Lederstrippe, die eine Glocke bediente. Sobald der Schaffner des zweiten Wagens die Glocke hörte, überzeugte er sich ... usw.

Wenn der Fahrer die drei Glocken gehört hatte, fuhr er an. Natürlich mußte der Fahrer damals stehen. Die Sicherheit der Fahrgäste verlangte das. Damit die Fahrgäste nicht auf die Idee kamen, zwischen den Wagen über die Kupplung zu steigen, war zwischen den Wagen ein Gitter angebracht. Damals befanden sich die Ein- und Ausstiegen an den Wagenenden. Dort war eine Plattform. Wer in den eigentlichen Fahrgastraum wollte, mußte durch eine Schiebetür. Im Führerwagen standen der Fahrer und die Fahrgäste auf der vorderen Plattform (das störte die Sicherheit nicht). Aber es war auch dem Schaffner verboten, diese Tür während der Fahrt zu öffnen. Er kassierte den Fahrpreis durch eine winzige Luke in der Vordertür. Für alle diese Maßnahmen gab es triftige Gründe, bis der Arbeitskräftemangel und der Wunsch, die Leistung zu steigern, diese Gründe hinfällig machten.

Nun sind die Sicherheitsbestimmungen der Straßenbahn ohne größeren Einfluß auf die Hebung der geistigen Leistung, von der dieses Buch handelt. Sie sind aber ein trauriges Beispiel für die Macht der kleinen Bürokratie, weil ihre Gründe so unangreifbar sind.

– *Es läßt sich schnell beweisen, daß das Bett der gefährlichste Ort der Welt ist, dort sterben die meisten Menschen.*

Der Urlaubsschein, die Straßenbahnordnung und viele andere Beispiele zeigen, daß es möglich ist, durch bestimmte Denkweisen eine schwer zu widerlegende Logik aufzubauen.

– *Frage immer, ob eine bestimmte Denkweise nützt und wem!*

Logik oder Nichtlogik?

Ein halbleeres Glas ist stets halbvoll.

Es bedarf keines besonderen Beweises, daß Menschen, die ihr Geld mit Kopfarbeit verdienen, möglichst logisch denken sollen. Aber man muß sich darüber klar sein, wie logisches Denken in unserem Gehirn entsteht.

Am einfachsten sieht man es in der Mathematik. In der Schule lernen wir für die Konstruktion von Dreiecken und ähnlichen Gebilden das Schema: Voraussetzung, Gegeben, Beweis.

Im täglichen Leben werden die Voraussetzungen leicht übersehen. Anhänger weltanschaulicher und religiöser Richtungen gehen immer von Voraussetzungen aus, die man entweder glauben kann oder nicht. Sobald man die Voraussetzungen anerkennt, ergeben sich Folgerungen, die dem, der die Voraussetzungen ablehnt, unlogisch erscheinen.

Oft hängen die Voraussetzungen mit der Wortwahl zusammen. Ein interessantes Beispiel fand ich in den Lebenserinnerungen des sowjetischen Marschalls Shukow. Während einer Abwehrschlacht teilte ihm ein Armeebefehlshaber mit, daß die feindlichen Panzer nicht mehr gestoppt werden könnten, weil für eine bestimmte Geschützart die Panzerabwehrmunition verschossen sei. Sicherlich hatte der Armeegeneral die Lage vorher mit seinen Spezialisten für Panzerabwehr, für Munitionsnachschub und mit seinem Stab diskutiert, bis er die Meldung durchgab. Shukow war immerhin der erste Stellvertreter von Stalin.

Shukow antwortete: »Nehmen Sie doch Betongranaten.« Betongranaten dienten zur Bekämpfung von Befestigungsanlagen. Selbstverständlich durchschlägt eine Granate eine Stahlpanzerung genauso wie eine meterdicke Betonschicht. Hier sieht man die beiden logischen Ketten. Die Armee dachte ganz logisch: Zur Panzerabwehr müssen Panzergranaten dasein. Es sind aber keine da. Folglich gibt es keine Möglichkeit, die feindlichen Panzer abzuschießen.

Marschall Shukow dachte ebenfalls ganz logisch: Voraussetzung für eine Panzerabwehr ist, daß Granaten da sind, die Panzer vernichten. Dazu gehören panzerbrechende oder betonbrechende Granaten. Die letzteren sind da. Folglich ist der Panzerangriff abzuwehren.

Zum erfolgreichen Denken gehört es, den richtigen Anfang einer Gedankenkette zu finden. Dann folgt die Logik von selbst.

- *Prüfen, welche Gedankenanfänge möglich sind!*
- *Ein logischer Gedankengang ist kein Beweis für ein richtiges Ergebnis!*
- *Halte dich nicht an Worten fest, sie können das Gehirn blockieren!*

Ungeklärt scheint die Frage zu sein, ob Shukow Marschall wurde, weil er viele Ideen hatte, oder ob ihm die Ideen zufielen, weil er bereits Marschall war.

Natürlich wurde er schneller befördert als andere, weil er tüchtiger war. Aber, wer »die Dinge von einer höheren Warte betrachtet«, ist auch im Vorteil. Die Probleme brennen ihm nicht so sehr auf den Nägeln wie dem, der sich um jede Kleinigkeit selbst kümmern muß. Daher ist sein Gehirn (in der Regel) für größere Gedanken frei.

Für uns entsteht daraus die Lehre, daß wir unser Gehirn auch möglichst entlasten müssen, damit wir den richtigen Anfang der logischen Kette finden.

Das erste Patent

Eine Hummel kann nach der Theorie niemals fliegen.
Zu ihrem Glück kennt sie die Theorie nicht.

In der Metallurgie fallen bei allen Prozessen riesige Schlackenberge an. Sie türmen sich hinter den Werken. Nur in wenigen Fällen werden diese Schlacken für andere Zwecke genutzt. Aus den Schlacken von der Kupferherstellung werden Pflastersteine gegossen. Auf der Maxhütte, wo ich 1950 arbeitete, stellten wir Schlackenwolle für Isolationszwecke her. Aber 95 Prozent aller Schlacken kippten wir auf die Halde.

Ich dachte nach, was mit den Abfällen anzufangen sei. Aber mir fiel nichts Rechtes ein. Es herrschte damals auch wenig Interesse für solche Probleme. Die Vorräte der Welt schienen, sobald die Kriegsfolgen beseitigt waren, unerschöpflich zu sein. Ein schüchterner Vorschlag von mir, eine Untersuchung anzustellen, ob metallurgische Schlacken für die Düngung von Wäldern und Ödland brauchbar seien, wurde gar nicht erst diskutiert.

– *Vorschläge sollen möglichst in die Zeit passen. Nur ganz große Genies sind ihrer Zeit sehr weit voraus.*

1952 verbrachte ich mit meiner Frau den Urlaub in Graal-Müritz. Wie wir einmal am Strand entlanggingen, trafen wir die Familie Doktor Becker aus Finsterwalde. Mit Doktor Becker, der in der dortigen Elektrodenfabrik beschäftigt war, hatte ich schon einige Male auf dem Gebiet des schweißbaren Thomas-Stahles zusammengearbeitet.

Wir schlenderten zusammen weiter am Strand entlang, und das Gespräch wäre wohl nie über ein unverbindliches Urlaubsgeplauder hinausgekommen, wenn nicht ein warmer Sommerregen eingesetzt hätte. Unsere beiden Frauen setzten sich in einen Strandkorb und wir Männer in einen danebenstehenden.

Natürlich kam nun das Gespräch auf unseren Beruf. Doktor Becker erzählte von seinen Sorgen. Er, so sagte er, sei für die Herstellung von Pulver für die Unterpulverschweißung verantwortlich. Leider wäre dazu ein Eisenerz besonderer Zusammensetzung notwendig. Die letzten Vorräte seien aber verbraucht, und nun wisse niemand, wie es weitergehen solle, denn in der DDR gäbe es dieses Erz nicht. Ich fragte Doktor Becker nach der chemischen Zusammensetzung. Leider stimmte sie mit der von meinen Schlacken nicht überein.

Aber dann kam der zündende Funke!

Sollte es nicht möglich sein, durch geschickte Mischung von Schlacken mit anderen Zusätzen die gewünschte Zusammensetzung zu erreichen?

Als der Regen aufhörte, hatten wir das Prinzip dieser Mischung festgelegt, und das spätere Patent WP 855 war gefunden.

– *Bedürfnisse fordern Lösungen heraus.*
– *Probiere das richtige Stichwort für die logische Gedankenkette aus!*

Offensichtlich lag der entscheidende Gedanke darin, daß das Erz nicht unmittelbar zu ersetzen war. Man mußte die Mischung der einzelnen Pulverbestandteile so verändern, daß eine metallurgische Schlacke in das System paßte und das Erz nicht mehr nötig war.

Die Erfindung war der entscheidende Schritt zur Automatisierung der Schweißtechnik in der DDR. In ihren Konsequenzen gestattete sie, Pulver verschiedener Zusammensetzung und damit unterschiedlicher Eigenschaften herzustellen. So ganz nebenbei lernte ich an diesem Beispiel die »erfinderische Atmosphäre« kennen. Zwei Fachleute erzählen sich, ohne ein bestimmtes Ziel zu haben, nur damit keine Langeweile aufkommt, ihre Sorgen. Und schon fallen ihnen Lösungen ein, wie diese Sorgen abgeschafft werden können.

Das funktioniert zwar nicht immer, aber die Wahrscheinlichkeit einer Lösung ist größer, wenn sie miteinander reden, als wenn sie es nicht tun.

Habe ich etwas erfunden?

Wer jung bleiben will, muß vor allem auf den eigenen Zeigefinger spucken können, wenn er den Versuch wagt, sich lehrhaft zu erheben.
(J.R. Becher)

Es ist erstaunlich, wie lange es in der DDR dauerte, bis sich so etwas wie ein Erfinderbewußtsein ausbildete. Als ich 1949 meinen ersten Forschungsauftrag abschloß, fragte ich, ob ich das Ergebnis nicht irgendwie schützen müsse. Es handelt sich um die Entwicklung eines schweißbaren Thomas-Stahles. Damit waren wir den Thomas-Stahl-Werken anderer Länder ein ganzes Stück voraus.

Die Redaktion aus dem Ministerium war sehr heftig. Doktor Krämer, ein Mitarbeiter von Fritz Selbmann, kam und warf mir kleinbürgerliches Verhalten (was das auch immer sein mochte) vor sowie kapitalistisches Gewinnstreben. Jedenfalls, so erklärte er mir, würde in der DDR, die gerade gegründet war, niemals eine Patentierung einer Sache erfolgen. Im Gegenteil, alle Forschungsergebnisse seien zur freien Verfügung gestellt.

Die Abneigung, Schutzrechte anzumelden, ist auch heute noch bei vielen Ingenieuren vorhanden. Manche haben eine Art Schuldgefühl, eine Vergütung für eine Erfindung zu erhalten, die sie in ihrer Arbeitszeit machten. Das ist ein kleiner Teil der Erfinder. Größer ist der Kreis derer, die sich fürchten, ihre Ideen durch die Patentprüfung

laufen zu lassen. Eine Prüfung kann bekanntlich immer gegen den Urheber ausfallen.

Manche – und das sind oft sonst sehr kluge Leute – merken gar nicht, daß sie etwas erfanden. Sie fallen aus allen Wolken, wenn man sie darauf aufmerksam macht. Tatsächlich müssen viele Leute lernen, auseinanderzuhalten, was sie bisher schon wußten und was ihnen neu eingefallen ist.

Sehr gut ist diese Erscheinung zu beobachten, wenn jemand ein Erlebnis zu wiederholten Malen erzählt. Dichtung und Wahrheit vermischen sich unmerklich. Jemand, der die erste Fassung und die zehnte Fassung des Abenteuers kennt, kann das leicht feststellen.

Wissenschaftliche Forschungsergebnisse oder Ingenieurarbeiten werden oft in einer Form durchgesprochen, die altes und neues Wissen nicht unterscheidet.

In früheren Abschnitten dieses Buches legte ich bereits meine Erfahrungen mit programmierten Berichten nieder: Wer sagen oder schreiben muß: *Bisher war dieser Zustand, daher habe ich das und jenes getan,* unterscheidet schärfer zwischen alt und neu.

– *Prüfe, was an diesen Ergebnissen neu ist!*
– *Was wirklich neu ist, ist in der Regel auch patentfähig.*
– *Was nicht patentiert werden kann, ist meistens nicht neu.*

Natürlich gibt es hier auch Ausnahmen, zum Beispiel in der Medizin, bei Nahrungsmitteln, in den Gesellschaftswissenschaften, bei der Grundlagenforschung. Aber nur die wenigsten Menschen stehen außerhalb der Gebiete, in denen Patente oder Neuerervorschläge möglich sind.

Wenn patentfähig und neu gleichgesetzt werden, regeln sich Auffassungen über Weltniveau, Spitzenleistung oder Pionierleistung sehr schnell von selbst.

Es gibt natürlich Leute, die glauben, daß ein Patent »nur« eine Frage der Formulierung sei, und sie geben auch Beispiele aus der Patentliteratur an. Dabei übersehen sie aber zwei Dinge. Zum einen ist die Zahl der unsinnigen Patente gering im Vergleich zu den vernünftigen. Zum anderen gibt es die zweite Maßzahl: die Nutzung einer Erfindung.

– *Eine nicht angemeldete Idee kann nicht patentiert werden.*
– *Besser eine Anmeldung zuviel als eine zuwenig!*
– *Eine nichtgenutzte Patentanmeldung bringt keinen Schaden.*
– *Eine nicht angemeldete Idee kann Millionen kosten.*

The President's lunch

Es trägt Verstand und rechter Sinn
mit wenig Kunst sich selber vor.
(J. W. von Goethe)

Während eines Besuches in den USA sagte der Vizepräsident einer Firma, bei der ich zu tun hatte: »Der Präsident würde sich freuen, wenn Sie heute am President's lunch teilnähmen und einige Worte redeten.«

Ich ließ mir erklären, was unter President's lunch verstanden würde. Es handelt sich um das auch sonst übliche »Arbeitsessen«. Jeden Donnerstag ißt der Präsident (Direktor) der Firma mit seinen Vizepräsidenten (Fachdirektoren) um 13 Uhr zu Mittag. Als Gäste werden prominente Besucher geladen und Ingenieure, die neu in den Betrieb eintreten. Die Gäste werden aufgefordert, über ihr Anliegen zu sprechen, damit sich die Firmenleitung ein Bild über ihre Persönlichkeit machen kann.

Ich erkundigte mich nach der Redezeit. »Normalerweise fünf Minuten, Sie, als Ausländer, dürfen natürlich länger sprechen.«

Kurz vor 13 Uhr wurde ich zum Lunchraum geführt.

In einem kahlen Speisesaal standen etwa zehn Leute herum und hielten sich an Gläsern mit viel Tomatensaft und sehr wenig Gin fest. Dabei machten sie einen »small talk«, das heißt, sie redeten über das Wetter, den Sport und die Familie. Im Raum waren einige Tische mit Sprelacartplatten eingedeckt. Der Nachtisch, die Thermoskannen mit Eiswasser und schwarzem Kaffee, standen zwischen den Suppentellern.

Pünktlich um 13 Uhr setzte sich der Präsident mit uns an die Tische. Sofort begann eine lebhafte Diskussion über verschiedene betriebliche Fragen. Auf die Nichtfirmenangehörigen wurde dabei keine Rücksicht genommen. Da jeder Vizepräsident nicht nur seine Probleme loswerden, sondern auch satt werden wollte, wurde schnell, kurz und auch mit vollem Mund gesprochen.

Nach etwa 20 Minuten saßen wir bereits vor unserem Kaffee, und die fachlichen Fragen waren erledigt, zumindest wurde nicht mehr darüber gesprochen.

– *Sitzungen brauchen nicht immer im Sitzungszimmer stattzufinden.*

Nun sagte der Präsident, er würde sich freuen, wenn ich hier vortragen würde, was »the famous ZIS« der Firma mitzuteilen habe. Ich brachte es innerhalb von viereinhalb Minuten fertig und hielt mich damit innerhalb der US-Normen.

– *Zeit ist Geld, gilt international.*

Anschließend bat ein Vizepräsident, daß Mister Smith, »der seit Montag bei uns arbeitet«, sich vorstellen dürfe.

Nachdem der Präsident dieses mit einem Kopfnicken bewilligt hatte, erzählte Mister Smith in vier Minuten seinen Lebenslauf einschließlich seiner Zugehörigkeit zur Kirche der Methodisten. Kurz vor 13.45 verließen wir den Raum. Alle waren satt, alle hatten mit ihren Kollegen oder dem Präsidenten ihre Probleme besprochen, alle hatten einen (hoffentlich guten) Eindruck von Mister Gilde, alle kannten den neuen Mister Smith. Und Mister Smith hatte die gesamte Führungsspitze der Firma kennengelernt.

– *Versuchen Sie immer, mehrere Dinge gleichzeitig zu erledigen!*

Auch in anderen Ländern gibt es gut durchdachte Regeln, um Nutzen aus Besuchern zu ziehen und dabei mit wenig Zeitaufwand auszukommen.

Bei den großen Konzernen in Japan erhielt ich immer spätestens einen Tag vor meinem Besuch einen Plan. Er begann mit dem Abholetermin im Hotel, dann folgte die Ankunft am Werktor. Tatsächlich stand der Pförtner immer bereit und wußte, daß und wann wir kamen.

– *Laß keine angemeldeten Besucher beim Pförtner warten!*

Dieses System habe ich für alle meine in- und ausländischen Gäste im ZIS eingeführt.

Für das einleitende Gespräch sahen die Japaner fast immer 30 Minuten vor. Der Präsident oder Vizepräsident legte seine Visitenkarte vor einem auf den Tisch. Die übrigen Firmenvertreter legten sie entsprechend der Sitzordnung daneben. Nun kann der Gast sofort sehen, wo Mister Kobaljashi sitzt und welchen Rang er im Betrieb einnimmt. Der Präsident sagt genau einen Satz zur Begrüßung. Dann beginnt der fachliche Teil. Statt lange über das Werk zu reden, übergibt er als erstes eine Broschüre, in der alles steht, was nach Meinung der Japaner ein Fremder wissen muß: Die Firmenleitung wird mit Fotos vorgestellt. Dann kommt die Bilanz mit Soll und Haben. Es folgen die Produkte und – sehr ausführlich – der Aufwand für die Forschung und ihre Ergebnisse. Es wird erwartet, daß der Besucher dieses Buch zu Hause in Ruhe liest.

– *Warum lange reden, wenn einige Druckseiten die Informationen schneller vermitteln?*

Dann beginnt der Präsident 25 Minuten lang fachlich zu fragen. Die Japaner haben die vernünftige Ansicht, daß ein Besucher, der als Fachmann bekannt ist und von weit her angereist kommt, »ausgenutzt« werden soll. Daher ist eine Liste von Problemen aus dem Betrieb vorbereitet, zu denen seine Ansicht gewünscht wird.

– *Sprich mit Fachleuten über Dinge, von denen sie etwas verstehen!*
– *Über das Wetter spricht man am besten nur mit Meteorologen.*
– *Schäme dich nicht, aus Besuchern einen Nutzen zu ziehen!*

Pünktlich nach 29 Minuten gibt der »Protokollchef« dem Präsidenten ein Zeichen. Das Gespräch ist beendet, und der Rundgang beginnt. Dem Gast wird viel gezeigt, aber die Ingenieure stellen auch immer wieder die Frage: »Wie würden Sie dieses Problem lösen?«

– *Hebe die Finger hauptsächlich, um zu fragen.*

Je nachdem, welchen Eindruck der Besuch beim ersten Gespräch und beim Betriebsrundgang hinterlassen hat, werden sich ihm in den folgenden Tagen entweder weitere Werktore öffnen, und der Rang der ihn empfangenden Funktionare wird immer höher werden, oder er wird über einen Besuch einer Betriebsausstellung nicht hinauskommen.

– *Leistungen zwischen zwei Menschen oder Organisationen müssen möglichst auf Gegenseitigkeit beruhen.*
– *Höflichkeit ist sehr gut, sie darf nur nicht allzuviel Zeit kosten.*
– *Gute Fragen zu stellen ist eine zeitsparende Kunst.*
– *Gib zu verstehen, wenn dir die Leistung eines anderen gefällt.*

Das Optimum

Der größre Haufen ist auf unsrer Seite.
(Schiller)

Viele reden vom Optimum und vom Optimieren. In Tageszeitungen und bei Reden wird mitunter sogar von der »optimalsten« Lösung gesprochen. Nur wenige bedenken, daß der Begriff Optimum erst einen Sinn bekommt, wenn gesagt wird, nach welchen Gesichtspunkten optimiert werden soll.

Das ganze Problem wurde mir während einer Japanreise besonders klar. Jeder Kraftfahrer kennt die Schwierigkeiten, wenn er einen Schwerlasttransport mit Überbreite auf der Landstraße trifft. Wer dem Transport entgegenkommt, ist noch verhältnismäßig gut dran. Der vorausfahrende Volkspolizist winkt ihn rechts heran und läßt ihn halten. Wenn der Transport vorbei ist, kann der Entgegenkommende weiterfahren und sich freuen, daß er nicht zu den Überholern gehört, die in einer endlosen Schlange warten, bis endlich eine Ausweichstelle erreicht ist. Dort hält der Transport einige Zeit, und die Kraftfahrzeugschlange kann vorbei. Insgesamt wird so nach Ansicht der Volkspolizei ein Optimum an Verkehrssicherheit erreicht.

In Japan sah ich, wie man es auch ganz anders machen kann. Dort sind die Straßen in der Regel enger als bei uns. »Logischerweise« müßten die Autostaus noch länger werden als bei uns. Aber es bildet sich überhaupt keine Schlange. Weder vor noch hinter dem Transport fährt ein Begleitfahrzeug. Dafür sitzt an der linken Seite des Schwerlastzuges ein Polizist auf einem Sitz, der so angeordnet ist, daß man gute Sicht nach vorn und hinten hat. Dieser Polizist winkt den entgegenkommenden Kraftfahrzeugen zu, schneller zu fahren. Sobald kein Entgegenkommer in Sicht ist, gibt er den Überholern ein Zeichen mit dem Verkehrsstab, möglichst schnell vorbeizufahren. Dieses Verfahren ist für Europäer vielleicht etwas zu aufregend, aber es funktioniert unfallfrei.

Die Japaner erstreben eine optimale Lösung ohne Schlangenbildung an.

– *Kläre immer, was unter optimal verstanden werden soll!*
– *Für die meisten Probleme gibt es mehrere optimale Lösungen.*

– *Ein plattdeutsches Sprichwort sagt: Wat den een sin Uhl (Eule), ist den annern sin Nachtigall.*

Ich bin kein Verkehrsfachmann und kann nicht entscheiden, welche Methode besser ist. Aber es ist nicht schwer, weitere Lösungen zu finden, die auch funktionieren müßten. Beispielsweise könnte man alle Entgegenkommer rechts halten lassen und die Überholer durch einen Posten zum beschleunigten Vorbeifahren veranlassen.

Denkbar wäre auch, den Transport nur in der verkehrsarmen Zeit von 22 bis 5 Uhr laufen zu lassen. Bei manchen Maschinenteilen mit Überbreite habe ich den Eindruck, sie ließen sich auch halbiert transportieren und erst am Einsatzort zusammenschweißen.

Wie man sieht, lassen sich Verkehrsprobleme mitunter auch dadurch lösen, daß man sie durch andere Technologien gar nicht erst entstehen läßt.

– *Prüfe immer, ob ein Problem nicht vermieden werden kann!*

Als Student hörte ich noch einen Vortrag des Physikers Max Planck. Er sagte: »Für Sie ist das die linke Wand des Saales. Für mich ist es aber die rechte Saalwand.« Damit leitete er seine Ausführungen über Scheinprobleme ein.

Die meisten Auseinandersetzungen über optimale Lösungen sind Scheinprobleme. Man muß sich im klaren sein, welche Faktoren zur Beurteilung eines Umstandes oder einer Sache herangezogen werden sollen und wie ihre Wertigkeit ist (zur Zeit spricht man vom »Stellenwert«).

Ohne Frage ist jemand, der mit zehn Fingern auf einer Schreibmaschine schreibt, schneller als einer, der nach dem Einfinger-System tippt. Von einem Schriftsteller, der gefragt wurde, warum er nur mit einem Finger schreibe, hörte ich die Antwort: »Meine Schreibgeschwindigkeit entspricht genau meiner Denkgeschwindigkeit.«

Besser kann man den Vorgang »Schreiben eines Buches« gar nicht optimieren. Warum soll jemand schneller schreiben, als er die Sätze formulieren kann?

Die meisten Tätigkeiten sind auf ein Endziel gerichtet (Buch schreiben, Zimmer säubern, Damenstrümpfe herstellen usw.). Die Gesamtarbeit (auch die geistige) läßt sich in viele Einzeltätigkeiten unterteilen. Aber nur einige dieser Arbeiten bestimmen den Fertigstellungstermin des Gesamten. Das Beispiel des Schriftstellers zeigt es (an zwei Einzeltätigkeiten) besonders gut. Wenn er schnell schreibt und langsam denkt, entscheidet der Denkvorgang über den Ablieferungstermin des Manuskriptes. Er kann so schnell tippen, wie er will, auf die Fertigstellung ist das ohne Einfluß. Nur wenn er schneller denkt, wird er seinen Verleger vorfristig mit dem Manuskript überraschen.

In der Technik nutzt man diese Erscheinung bei der Netzplanmethode, um Bauwerke und Maschinen termingerecht auszuliefern. Die Überwachung konzentriert sich auf die Arbeiten, die den Endtermin bestimmen.

Es gibt keinen Grund, dieses Verfahren nicht auch bei der geistigen Arbeit anzuwenden und vorzugsweise die Probleme zu lösen, die uns dem Ziel näher bringen.

– *Erledige das Wichtige zuerst!*
– *Wichtig ist der zündende Gedanke, nicht seine druckreife Formulierung.*

Es ist prinzipiell unmöglich

Kälte ist nur mangelndes Wärmegefühl.

Um 1924 wurde beim damaligen Reichspatentamt eine Erfindung auf das Verschweißen von Draht unter Kohlendioxid (Kohlensäure) angemeldet. Praktische Versuche ergaben aber, daß die Sache nicht funktionierte. Der abschmelzende Tropfen beim Schweißvorgang entzog dem Kohlendioxid einen Teil seines Sauerstoffes. Es bildeten sich große Mengen von Metalloxiden in der Schweißraupe und machten sie unbrauchbar.

Auch stellten sich Schwierigkeiten bei der Beherrschung der elektrischen Vorgänge ein.

Die ganze Angelegenheit ruhte bis kurz nach 1950. In den einschlägigen Fachbüchern stand nur der Hinweis, daß CO_2 als Schutzgas ungeeignet sei, weil es den Stahl oxydiere. Ab 1953 tauchten in sowjetischen Zeitschriften Artikel auf, nach denen ein Ingenieur Nowikow in Moskau das Schweißen unter Kohlendioxid erfunden habe. Diese Berichte fanden keinen großen Glauben bei uns, denn es stand ja fest, daß CO_2 prinzipiell ungeeignet als Schutzgas sei. Wegen seiner Oxydationsfreudigkeit war seine Verwendung unmöglich. Man muß noch erwähnen, daß die Aufsätze fachlich nicht besonders klar waren. Es war immerhin die Zeit, in der sich viele Fachartikel weniger durch Zahlen und Tatsachen als vielmehr durch begeisterte Appelle auszeichneten. Wenn die Aufsätze überhaupt mit Bildern versehen waren, so war das Papier so schlecht, daß das Gefüge der Naht (auf das es sehr ankommt) nicht erkennen ließ.

Um herauszufinden, was an der Sache dran war, fuhr ich 1955 zu Nowikow.

War die Reise damals noch lang und anstrengend, so war es auch nicht ganz einfach, an einen sowjetischen Spezialisten heranzukommen (heute rufe ich schnell bei meinem Kollegen Paton in Kiew an). Aber schließlich trafen Nowikow und ich doch zusammen, und er führte mir sein neues Verfahren vor.

Das Ergebnis war: Es ging mehr schlecht als recht, aber es ging.

Auf jeden Fall hatte Nowikow gezeigt, das prinzipell unmögliche Verfahren funktionierte doch.

- *Sage niemals: niemals!*
- *Naturgesetze lassen sich nicht verändern, aber man kann sie mitunter überlisten.*
- *Ein Besuch lohnt sich immer* (Werbeslogan).

Wir waren uns schnell einig, in welcher Richtung geforscht werden müsse, um ein sicheres Verfahren zu entwickeln, das allen Qualitätsansprüchen genügt. Nowikow war übrigens froh, einen interessierten Besucher aus dem Ausland zu haben, denn seine Kollegen zogen größtenteils die bekannten Verfahren vor und wollten keine Arbeit in die Entwicklung der CO_2-Schweißung hineinstecken.

Im ZIS gründete ich sofort eine Arbeitsgruppe CO_2-Schweißen. Sie sollte die elektrischen, metallurgischen und technologischen Geräte entwickeln. Es war eine große Aufgabe, die ich stellte. Für unsere damalige Einstellung zu den Möglichkeiten der Forschung war sie vielleicht etwas zu groß. Die Mitarbeiter entwickelten keinen Schwung und nur wenig neue Ideen. Der Leiter der Gruppe bat nach wenigen Wochen um seine Ablösung. Er wollte sich der Auftragsschweißung widmen, die (nach seiner Ansicht) viel größere Perspektive böte. Nun läßt die Disziplin in einem Institut nicht zu, daß ein Leiter, der einen Auftrag angenommen hat, nach einigen Wochen erklärt, er habe es sich anders überlegt. Meine Reaktion war daher auch sehr eindeutig.

Kurze Zeit darauf verließ dieser Mann die Republik. Gleichzeitig sandte er einen Brief an das Ministerium, in dem er als Grund für seine Republikflucht angab, ich habe ihn auf das »tote Gleis der CO_2- Schweißung abschieben wollen«.

Plötzlich war die Entwicklung des Schweißens mit Kohlendioxid für mich ein Prestigefall geworden. Ich übernahm selbst die Leitung der Entwicklungsgruppe. Für mich lagen die großen Möglichkeiten dieses Verfahrens so klar auf der Hand, daß sich jeder Einsatz lohnte. Bald erkannten wir, wie die Stromquellen geändert werden mußten, um eine sichere Schweißung zu gewährleisten. Es gelang, die erforderliche Drahtzusammensetzung zu ermitteln und den Draht zu schmelzen (mein Spezialgebiet als Metallurge). Die Handhabung der Schweißpistole wurde entwickelt und für die Ausbildung lehrbar gemacht. Es gelang mir auch, Mitarbeiter zu finden, die bereit waren, mit mir zusammen an den Erfolg zu glauben und dafür zu arbeiten. Schließlich fand ich auch noch in Doktor H. Berger einen geeigneten Leiter für die Gruppe, der mich wieder ablösen konnte. Unter seiner Führung entwickelte sich die CO_2-Schutzgasschweißung zu dem bedeutendsten Schweißverfahren überhaupt. Wir erarbeiteten damals einen großen Vorsprung vor allen Industrieländern.

- *Wenn man von einer technischen Lösung überzeugt ist, lohnt es sich, dafür zu kämpfen.*
- *Wenn »die anderen« es nicht machen wollen, gibt es nur noch einen, der es machen kann – du selbst!*

Ich habe aber neben den wissenschaftlichen Erkenntnissen noch einiges mehr aus der Angelegenheit gelernt. Die Maßstäbe, mit denen eine Aufgabe gemessen wird, sind verschieden. Was für mich damals reizvoll war, betrachteten andere als unüberwindliche Schwierigkeit.

- *Teile Aufgaben so, daß die Unteraufgaben für den Bearbeiter entsprechend seinen Fähigkeiten überschaubar werden!*
- *Gehe nie davon aus, daß ein Spezialist für A eine Aufgabe auf dem Gebiet B richtig einschätzt!*
- *Gib nicht auf! – Aber wäge Einsatz und Erfolg ab!*

Vernunft wird Unsinn

Wer es verdient, hat auch Glück.

Das Beispiel der CO_2-Schweißung zeigte sehr deutlich, daß Erkenntnisse, die vor Jahren oder Jahrzehnten richtig waren, heute nicht mehr unbedingt gültig zu sein brauchen.

Was 1924 nicht möglich war, ließ sich 1955 mit neuen Stromquellen und anderen Schweißdrähten verwirklichen.

– *Es lohnt sich, »alte Kamellen« daraufhin zu überprüfen, ob sich inzwischen nicht neue Gesichtspunkte ergeben haben.*

Solche Probleme sind für viele Menschen schwer zu bearbeiten, weil der Gegenstand des Nachdenkens erst einmal abstrakt ist. »Es geht nicht« läßt sich weder anschauen noch anfassen. Daher sind Neuentdeckungen und Weiterentwicklungen von früher einmal bekannten Dingen einer Originalentwicklung im Schwierigkeitsgrad durchaus gleichzusetzen.

Nun gibt es aber auch Fälle, wo ein Gegenstand oder eine Technologie lange Zeit zur Zufriedenheit aller arbeitet. Die Zufriedenheit wird so nach und nach Gewohnheit, bis sich niemand mehr Gedanken macht, ob und wie Verbesserungen möglich sind.

– *Auch was an Erfahrung gut ist, läßt sich verbessern.*

Diese Zufriedenheit geht bis in Redensarten hinein. Man sagt mitunter: »Der erfindet das Fahrrad noch mal.« Damit soll jemand charakterisiert werden, der bekannte Dinge nacherfindet. Soweit ist alles in Ordnung. Aber in dem Satz steckt auch der Gedanke: Das Fahrrad wird seit fast hundert Jahren unverändert hergestellt, folglich muß es gut sein, und es läßt sich nicht mehr verändern. Dieser Gedanke ist falsch!

Mein Mitarbeiter, Diplomingenieur Möbius, machte sich einmal Gedanken, was sich am Fahrrad alles verbessern ließe. Mit einiger Phantasie und einem sehr guten fachlichen Wissen kommt man zu Rädern, die leichter und billiger sind und höhere Gebrauchseigenschaften besitzen.

Einige Fragen aus dem Gedanken von Diplomingenieur Möbius sind:

- Warum muß der Rahmen des Rades aus Stahlrohr sein? Gibt es nicht Profile, die geeigneter sind? (Es gibt!)
- Warum sind Schutzbleche und Gepäckhalter Zubehörteile? Wäre es nicht vernünftiger, sie als tragende Konstruktionsteile zu verwenden und dafür den Rahmen leichter zu bauen?
- Warum gibt es keinen Einkaufskorb, mit dem die Hausfrau in die HO geht, als Teil des Fahrrades? Der gefüllte Korb läßt sich am Rad befestigen, zum Beispiel anstelle einer Lenkstange.

Wenn man erst anfängt nachzudenken, tauchen Fragen (und Lösungsmöglichkeiten) über Speichen, defekte Reifen, Antriebssysteme und anderes auf.

Man kann auch über Vorschriften, die das Rad betreffen, nachgrübeln. Ist es wirklich nötig, für ein Fahrrad eine Handbremse vorzuschreiben? Ich sah in Skandinavien, daß die Räder einen 50 Zentimeter langen roten Plastarm nach links am Rahmen abstehen haben. Damit soll erreicht werden, daß Kraftfahrzeuge den Radfahrer in gebührendem Abstand überholen. Wäre die offizielle Einführung eines solchen Armes nicht sinnvoller als die Vorschrift über eine Handbremse? Die Bremse stammt wahrscheinlich aus der Zeit, als der Rücktritt-Freilauf noch nicht erfunden war.

- *Was früher einmal vernünftig war, kann heute Unsinn sein (und umgekehrt!).*
- *Viele Geräte haben aus Tradition noch Teile, die überflüssig sind.*
- *Mitunter wird der moralische Verschleiß eines Gerätes jahrelang nicht bemerkt.*

Das richtige Bild

Zahlen trügen nicht. Das Urteil täuscht.
(Frei nach Goethe)

Das Verständigungsmittel zwischen Ingenieuren und Wissenschaftlern ist über Sprachgrenzen hinweg der Bleistift. Mit ihm lassen sich Kurven zeichnen, Formeln aufschreiben und Skizzen machen, die international verstanden werden. Schwieriger ist die Verständigung zwischen Wissenschaftlern, die zwar die gleiche Muttersprache reden, aber verschiedenen Disziplinen angehören. Mediziner benutzen lateinische Wörter, Kybernetiker verwenden englische Ausdrücke, Geologen und Chemiker haben griechische Wörter in ihrer Fachsprache, Maschinenbauer reden zwar meistens deutsch, aber mit bestimmten Ausdrücken meinen sie ganz bestimmte Dinge, die einem Nichtmaschinenbauer unverständlich sind.

Die Verständigung zwischen den einzelnen Fachleuten scheint am besten zu funktionieren, wenn sie ihre Fachausdrücke übersetzen und möglichst in Bildern und Gleichnissen sprechen. (Alle guten Redner benutzen diesen einfachen Trick.) Wichtig ist nur, daß die Bilder richtig sind. Falsche Bilder hemmen die weitere Entwicklung oder die Zusammenarbeit.

Beim Gasbrennschneiden erlebte ich, wie durch ein falsches Beispiel der Fortschritt über dreißig Jahre hindurch aufgehalten wurde. Bei diesem Brennschnitt tritt ein Sauerstoffstrahl aus einer Düse. Man möchte, daß dieser Strahl möglichst lang wird, damit er tief in die Schnittfuge des Bleches eindringt. Das Bild, das in allen Vorträgen und in allen Fachbüchern für diesen Vorgang benutzt wurde, war der Gartenschlauch, mit dem Wasser über den Rasen gesprengt wird.

Jedermann kennt die Spielereien, die man machen kann, wenn man die Spritzdüse mit dem Finger verkleinert. In Anlehnung an die Düse des Gartenschlauches wurde die Sauerstoffdüse konstruiert. Dabei ergaben sich Grenzen für ihre Leistungsfähigkeit, die unüberwindlich schienen. Bis eines Tages ein kluger Kopf auf die Idee kam, das Bild zu überprüfen. Der Wasserstrahl des Gartenschlauches bewegt sich in Luft. Also: Das sehr kompakte Medium Wasser geht durch das sehr dünne Medium Luft. Aber beim Brennschnitt ist es ganz anders! Das Gas Sauerstoff geht durch das Gas Luft. Hier handelt es sich also um zwei Stoffe mit gleicher Dichte. Das Bild vom Gartenschlauch war falsch und mußte ersetzt werden durch einen Wasserschlauch in der Badewanne bei der Unterwassermassage.

– *Bilder sind gut – aber sie müssen richtig sein.*

Daraufhin gelang es, neue Düsen mit ganz neuen Eigenschaften zu entwickeln.

Der Taschenrechner

Auch ein Haar wirft einen Schatten.

In den Tagen, in denen ich diesen Abschnitt schreibe, lese ich eine Geschichte über Astronomie. Dort steht, daß W. Struve, der Gründer der Sternwarte Pulkowo bei Leningrad, im Jahre 1832 vom Stern Alpha Centauri die Parallaxe mit 0,76 Winkelsekunden bestimmte.

Der Astronom Struve wurde in dem gleichen Dorf geboren wie ich, wenn auch gute hundert

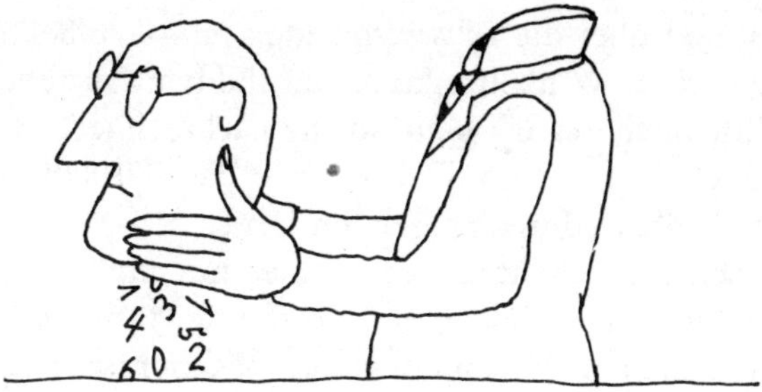

Jahre früher. Daher hat ein solcher Satz in einem Geschichtswerk für mich eine gewisse Bedeutung. Aber die Meßergebnisse von Struve (und andere Zahlenangaben) habe ich bis vor einigen Jahren, ohne viel darüber nachzudenken, einfach hingenommen.

Dieser Zustand änderte sich, als die ersten Taschenrechner auf dem Markt erschienen, die mehr konnten, als 2 × 2 auszurechnen. Seit dieser Zeit prüfe ich viele Zahlenangaben nach. Dabei ist das Resultat nicht so wichtig wie die Anregung, sich mit der Aufgabe an sich zu befassen. Wie und wann hat Struve die Parallaxe gemessen? Er bestimmte am 21. Juni und am 21. Dezember, wenn die Erde die Scheitelpunkte ihrer Umlaufbahn erreicht, die Lage des Sternes Alpha Centauri.

Weil nun die Erde am 21. Juni um etwa 300 Millionen Kilometer von ihrer Lage am 21. Dezember entfernt im Weltraum liegt, sieht der Astronom den Stern um ein winziges Stück am Himmel verschoben. Aus diesem winzigen Betrag von 0,76 Sekunden kann man nun weitere Betrachtungen über die Entfernung im Weltall, über Meßgenauigkeiten und über die Schwierigkeiten, mit 0,76 Sekunden eine Winkelfunktion zu bilden, anstellen. Schließlich kann man auch nachrechnen, was Struve damals fand: Der Stern ist das 270 000fache des Erdbahndurchmessers entfernt.

Ohne Taschenrechner wäre es nur mit großem Zeitaufwand möglich, eine solche Rechnung nachzuvollziehen. Mit einem gutem Rechner ist es eine Angelegenheit von Minuten. Dabei erhält man viele neue Anregungen und Informationen.

- *Taschenrechner ermöglichen, Zahlen vollständiger auszuwerten.*
- *Die Mikroelektronik kann uns zusätzliche Informationen aus vorhandenen Daten geben.*

Seitdem ich einen geeigneten Taschenrechner besitze, rechne ich viele Angaben nach, vor allem solche, bei denen die Größe oder die Kleinheit der Zahlen eine Überschlagsrechnung im Kopf unmöglich macht.

Die Nutzung der Taschenrechner begeisterte mich so, daß ich mit meinem Kollegen, Doktor Altrichter, zusammen drei Bücher darüber schrieb.

In »Seltsames um den gesunden Menschenverstand« zeigten wir, daß der Menschenverstand gar nicht so »gesund« ist, sondern zu Irrtümern neigt und manche Dinge überhaupt nicht durchschaut. Zu den beiden Büchern »Mehr Spaß mit dem Taschenrechner« gaben wir einen Überblick über die Möglichkeiten dieser Geräte. Vor allem geben sie ein neues Verhältnis zur Mathematik. Die klassischen Mathematiker wie Newton und Gauß sind vom Zahlenrechnen ausgegangen. Sie probierten endlose Zahlenreihen aus, bis sie Zusammenhänge sahen. Dann faßten sie diese Zusammenhänge in Regeln nach der Methode: Gegeben sind usw.

Leider wird Schülern und Studenten immer die »reine Mathematik« gelehrt, mit der man (vielleicht) Zahlenbeispiele lösen kann. Die großen Mathematiker arbeiteten umgekehrt: erst rechnen und daraus die Gleichungen ableiten. Und eben das gestattet der Taschenrechner denen, die nicht so gerne mit Zahlen jonglieren wie Gauß. Zu diesen faulen Leuten gehöre ich!

– *Ein Taschenrechner gestattet es, durch Probieren eine Lösung zu finden.*
– *Nachrechnen ist besser als glauben!*

Der Roboter ist kein nachgemachter Mensch

Warum kann man nicht sagen: Jeder Zentimeter ein König?

Bevor das erste Atomkraftwerk der DDR in Rheinsberg anlief, dachten wir über Reparaturmöglichkeiten nach. Da ein Mensch in den radioaktiven Zonen nicht arbeiten kann, entwickelten wir eine ferngesteuerte Schweißmaschine, die wir stolz Roboter nannten. Damals steckte die Mikroelektronik noch in den Kinderschuhen. Unser Roboter war daher mit mechanischen Schaltern und Relais ausgerüstet, und an eine Programmierung dachten wir überhaupt noch nicht. Immerhin lernten wir sehr viel bei seiner Erprobung (er wurde glücklicherweise nie im Kraftwerk eingesetzt), vor allem, daß eine Maschine ihre eigenen Gesetze in ihren Bewegungen hat, die anders sind als die des Menschen.

Ein besonders sinnfälliges Beispiel machte mir diese Auffassung klar. Die klassische Schreibmaschine mit Tasten und Typenhebeln ist eine »menschliche« Maschine, die einzelne Buchstaben sitzen praktisch an den Fingerspitzen des Schreibenden. Mit diesem System war es unmöglich, über einen bestimmten Leistungsstand hinwegzukommen. Dann wurde der Kugelkopf erfunden, eine kleine Kugel, auf der alle Buchstaben aufgeprägt sind. Sobald die entsprechende Taste gedrückt wird, dreht sich der Kugelkopf so, daß die Reihe, in der sich der gewünschte Buchstabe befindet, senkrecht zum Papier steht, und er neigt sich so, daß beim Anschlag dieser Buchstabe gedruckt wird. Dieser Kugelkopf ist »unmenschlich«, es gibt am menschlichen Körper kein entsprechendes System. Aber eben deshalb ermöglichte er einen Sprung in der Geschwindigkeit der Schreibmaschine.

– *Der Mensch ist nicht überall das Maß aller Dinge.*
– *Maschinen, die Menschen ersetzen, brauchen nicht unbedingt wie Menschen zu arbeiten.*
– *Die Technik kennt Bewegungsformen, die der Mensch nicht ausführen kann.*

– *Das Rad ist eine der größten Erfindungen der Menschheit, weil es »unmenschlich« ist.*

In den siebziger Jahren war die Mikroelektronik dann so weit fortgeschritten, daß an den Bau von programmierbaren Robotern gedacht werden konnte. In der ganzen Welt ging der Trend damals zur Nachahmung des menschlichen Armes. Da jede Bewegungsmöglichkeit den schönen Namen »Freiheitsgrad« erhielt, wurde ein Bewertungsmaßstab geschaffen.

Ein Roboter mit 6 Freiheitsgraden scheint erst einmal besser zu sein als einer, der nur 4 besitzt. Da unser Arm über 30 Bewegungsmöglichkeiten hat, stiegen die theoretischen Forderungen und die zu entwickelnden Roboter immer höher.

– *Laß dich nicht durch wohlklingende Namen zu falschen Maßstäben verleiten!*

Mein Argument war, daß der Raum, in dem wir leben, drei Ausdehnungen in Länge, Breite und Höhe hat. Jeder Punkt dieses Raumes läßt sich mit 3 Freiheitsgraden erreichen. Die Natur hat uns in manchen Punkten durchaus nicht ökonomisch geschaffen, aber Maschinen müssen ökonomisch gebaut werden. Jeder zusätzliche Freiheitsgrad kostet an maschinellem Aufwand und an Steuerungen etwa 100 000 Mark mehr, ohne daß die Eigenschaften sich entscheidend verbessern.

– *Bedenke alle technischen Möglichkeiten und nutze möglichst wenige!*
– *Verschwende keine Zeit damit, um ein Gerät um 1 Prozent besser zu machen!*

– *Setze dir das Ziel, 80 Prozent aller vorkommenden Fälle mit deinem Gerät zu lösen!*

Wir entwickelten dann den Roboterbaukasten ZIS 995. Er war einfacher und billiger als alle anderen Systeme. Dadurch wurde er schneller eingeführt. Er ließ sich an Stellen verwenden, wo andere Roboter wegen ihres Preises unwirtschaftlich waren. Seine Steuerung und Handhabung war leichter erlernbar als die von anderen Systemen.

– *Auch Roboter müssen von Menschen bedient werden.*
– *Viele Schaltknöpfe sind optisch sehr wirkungsvoll, solange man sie nicht selbst bedienen muß.*
– *Alles, was nicht an einer Maschine ist, kann nicht defekt werden.*
– *Es ist eine Frage der Denkökonomie, nach einfachen Wegen zu suchen.*

Es gab noch einen Punkt, wo das ZIS bei der Roboterentwicklung einen Vorsprung erreichte. Bei den Besprechungen mit anderen Roboterentwicklern klagten diese, daß elektronische Bauteile, die besonders klein und leistungsfähig waren, nur in Japan erhältlich seien. Daher (so wurde geschlußfolgert) werde die Roboterentwicklung in der DDR gehemmt.

Nun ist es natürlich immer schön für einen Ingenieur, wenn er das Modernste vom Modernen zum Einbau auf Lager bereit hat. Aber wenn man das Beste nicht hat, nimmt man das Gute! Für den Industrieeinsatz ist es ziemlich einerlei, ob der Steuerschrank 10 Zentimeter höher wird, weil größere Bauteile benutzt werden. Es ist auch einerlei, ob in einer millionstel Sekunde das Elektronikbauteil eine Schaltung mehr oder weniger macht. Der Roboter arbeitet unendlich langsam gegenüber der Elektronik und kann daher die Geschwindigkeit elektronischer Schaltkreise sowieso nicht voll ausnutzen.

Das Ziel war, industrietüchtige Roboter zu bauen, nicht aber, die neuesten Schaltkreise einzusetzen.

- *Nimm die beste Lösung, die mit deinen Möglichkeiten machbar ist!*
- *Nicht der Weg ist wichtig, sondern das Ziel.*
- *Diskutiere über das, was du hast, nicht über das, was fehlt!*

Wir konstruierten unsere Roboter so, daß sie jeder beliebigen Steuerung angepaßt werden konnten. Die ersten Modelle hatten zum Entsetzen der »Fachleute« sehr primitive Steuerungen, aber sie arbeiteten. Als wir dann immer bessere Mikromodulbausteine kaufen konnten, veränderten sich auch unsere Steuerungen. Aber nun hatten wir einen großen Vorsprung im mechanischen Teil des Roboters, weil wir auf jahrelange Erfahrungen zurückgreifen konnten.

Als ich später einen Einblick in die japanischen Roboter bekam, stellte ich fest, daß dort mit zwei grundverschiedenen Modellen gearbeitet wurde. Die eine Richtung war die, welche auf Messen und Ausstellungen gezeigt wurde. Es waren Wunderwerke der Technik. Die andere war die, welche in den Betrieben arbeiteten. Sie waren so einfach gebaut wie unsere.

Wie machen Sie das?

Kräfte lassen sich nicht mitteilen,
sondern nur wecken.
(L. Büchner)

Als das ZIS im Laufe der Jahre einige Erfolge hatte, wurde ich immer öfter nach dem Rezept gefragt. Nun glaube ich zwar, daß es bestimmte Regeln gibt, die den Erfolg erleichtern. Aber ein Rezept, das auch noch wirksam sein soll, gibt es wohl für den Erfolg nicht. Auch will ich in diesem Buch weitgehend von mir berichten und die Leitung des ZIS (und seine Erfolge) ausklammern, obwohl eine scharfe Trennung nicht möglich ist.

Die Anfragen mehrten sich, als ich begann, neben meiner Tätigkeit als Direktor, noch Fernsehstücke und Bücher zu schreiben, und als bekannt wurde, daß ich noch Hochseesegeln als Leistungssport und Reiten als Hobby betreibe. Viele fragten mich, wie ich meinen »Zeitfonds« einteile. Ich fürchte, ich reagierte auf diese Frage meistens etwas hart und abweisend. Wenn ich gefragt werde, wie ich meine Zeit einteile, so beantworte ich die Frage gerne. Aber wenn einer mich nach dem »Zeitfonds« fragt, trennen uns sehr verschiedene Ansichten. Der Fonds beträgt für alle Menschen 24 Stunden am Tag.

– *Für alle Menschen ist der Tag gleich lang. Es kommt darauf an, was man in der Zeit leistet.*

Eine Zeiteinteilung ist schon eher diskutabel. Ich bin morgens von 7 bis 9 Uhr besonders frisch. Daher erledige ich dann alles Unangenehme. Eine erfreuliche Arbeit kann man auch machen, wenn man etwas abgespannter ist. Für eine unerfreuliche Arbeit muß man einen Entschluß fassen, um anzufangen. Der Entschluß fällt mir am leichtesten, solange ich noch frisch bin.

Goethe sagt im »Faust«: Der Tüchtige soll den

Entschluß
beherzt beim Schopfe fassen.
Er kann ihn dann nicht fahrenlassen
und handelt weiter, weil er muß.

Wenn ich erst einmal den richtigen Faden erwischt habe, kann ich ihn weiterspinnen, selbst wenn ich nicht mehr »so in Form« bin.

– *Dem Entschluß, etwas zu tun, soll sofort die Tat folgen.*

Ich habe eine Anzahl von Bekannten, die behaupten, ihre beste Arbeitszeit sei abends oder nachts. Ich will mich über diesen Punkt nicht streiten. Jedoch ist keiner von ihnen so ordentlich, so pünktlich und so zuverlässig, daß ich ihm mein Leben oder sonst eine wichtige Sache anvertrauen möchte.

– *Wer das Unangenehme erledigt hat, hat den Kopf frei.*

Trotz dieser Bevorzugung der Morgenstunden halte ich die Frage der Zeiteinteilung nicht für so entscheidend, denn die Entschlußkraft sollte zu jeder Tageszeit dasein.

Hier möchte ich die Einfügung anbringen, daß

bei Hochseeregatten, die über mehrere Tage gehen, Sieg oder Niederlage meistens nachts entschieden wird. Der Schiffer, der um Mitternacht den Entschluß faßt, die günstigsten Segel zu setzen, und seine Mannschaft dazu bringt, es trotz großer Müdigkeit auch zu tun, hat die größten Aussichten auf Erfolg.

Ein Vorgesetzter, der eine Entscheidung um 15 Uhr fällt und gleich mit ihrer Durchsetzung beginnt, wird auch mehr Erfolg haben als einer, der bis zum nächsten Morgen damit wartet.

– *Wann? Wenn nicht sofort?*

Entscheidend für Erfolg ist der Leistungsgedanke. Wer sich immer vor Augen hält, was Leistung ist und wie sie beurteilt werden kann, wird im Rahmen seiner Kräfte auch etwas leisten. Jedenfalls mehr als jemand, der sich nur »Mühe gibt« und Arbeit und Leistung nicht auseinanderhält.

Vom Wert des Hobbys

Wo nichts ist, muß was getan werden.

Die Bibel beschreibt, wie Gott die ersten Menschen aus dem Paradies vertrieb. Unter anderem sprach er damals den Fluch aus: »Im Schweiße deines Angesichts sollst du dein Brot essen.«

Ich weiß nicht, ob es an zweitausend Jahren christlicher Erziehung liegt oder uns Mitteleuropäern angeboren ist, daß wir es immer als moralisch bedenklich empfinden, wenn wir (oder besser unser Nächster) nicht bei der Arbeit schwitzen (und sei es auch nur im übertragenen Sinne). Dabei läßt sich sehr schnell beobachten: Am meisten wird nicht bei der Arbeit, sondern bei den Vergnügungen geschwitzt.

Wissenschaftlich gesehen ist nicht so sehr die Transpiration entscheidend als vielmehr die Intensität, mit der wir uns in unsere Tätigkeit versenken.

Ein Fußballspieler zum Beispiel ist fast völlig von seinem Spiel ausgefüllt. Er hört fast nichts von den Zurufen der Zuschauer, die ihn anfeuern oder auspfeifen. Der berühmte zerstreute Professor ist ein anderes Beispiel für hohe Intensität. Über dem Nachdenken vergißt er seinen Regenschirm.

Wenn Hobby und Beruf zusammenfallen (z. B. bei einem Forscher oder bei einem Handwerker), so ist das eine gute Lösung.

– *Hobby und Beruf können sehr gut zusammenpassen.*
– *Es ist keine Schande, wenn der Beruf Spaß macht.*
– *Hobbyforschung kann sehr wertvoll sein.*

Jedenfalls arbeite ich sehr ungern mit Menschen zusammen, die Denken nicht als Hobby pflegen.

Nicht im Betrieb sein heißt nicht unbedingt nichts für den Betrieb leisten. Unser Gehirn ist ja so konstruiert, daß Gedankenketten im Unterbewußtsein weiterlaufen. Wenn wir genügend lange »abschalten«, tauchen sie aus dem Unterbewußtsein auf, und wir wissen ganz plötzlich eine Lösung für irgendein Problem.

Ich selbst komme vom Segeln immer voller Ideen zurück, obwohl ich die ganze Zeit nicht an die Schweißtechnik dachte. Aber im »Hinterkopf« hat es weitergearbeitet, während ich mich vordergründig mit Wind und Wellen befaßte.

Im ZIS ist die Pflege von Hobbys erwünscht. Es wird viel getan, um Freizeitbeschäftigungen zu fördern, vor allem solche, die eine aktive Erholung bieten.

Am besten scheinen mir Sportarten zu sein, bei denen es keine Sieger und Besiegten gibt, sondern wo es wichtig ist, einfach anzukommen. Der menschliche Ehrgeiz soll sich möglichst im Beruf austoben.

Falls mir jetzt jemand vorhält, daß ich mich an Meisterschaften im Segeln beteilige, so kann ich nur antworten, wie Conrad Ferdinand Meyer in »Huttens letzte Tage« seinen Helden auf einen ähnlichen Vorwurf antworten läßt:

> Das macht, ich bin kein ausgeklügelt Buch.
> Ich bin ein Mensch mit seinem Widerspruch.

Heuristik

Leben heißt nicht atmen, sondern handeln.
(Rousseau)

Eines Tages rief mich mein Freund, Professor Alexis Neumann, aus Karl-Marx-Stadt an. »Ich habe hier eine interessante Habilitationsschrift von einem Johannes Müller über Denkmethoden. Willst du sie einmal haben?«

Natürlich wollte ich. Ich habe überhaupt immer versucht, über Gebiete, auf denen ich arbeitete, einschließlich ihrer Randgebiete, möglichst alles zu lesen. Natürlich gab es dabei auch etwas Ärger mit Leuten, die nicht begreifen konnten (oder wollten), daß man auch aus einem Buch für amerikanische Manager etwas lernen kann.

– *Nichtwissen kann teuer werden.*

Jedenfalls führt Professor Müller in seiner Arbeit etwa folgendes aus:

Wir schreiben jedem Handwerker vor, wie er die Feile oder Säge halten soll. Aber jeder geistige Arbeiter muß sich selbst seine Denkmethoden schaffen. Müller behauptet, daß es nur wenige Möglichkeiten für den Denkprozeß gibt. Diese Möglichkeiten sind bekannt und in Vorschriften faßbar. Solche Denkvorschriften führen auf dem sichersten Weg bis kurz vor »den zündenden Gedanken«.

Mir leuchtete die Idee sofort ein. Seit dieser Zeit arbeite ich eng mit Professor Müller zusammen. Er begutachtet meine eigene Forschung. Er hilft den interessierten Mitarbeitern des ZIS (es ist freiwillig, wer mit ihm zusammenarbeiten will), die richtigen heuristischen Programme zu finden.

Die Erfolge geben Johannes Müller recht.

– *Erfolgreich denken ist lehrbar, zu programmieren und zu lernen.*

Es gab dann außerhalb des ZIS eine Periode, in der viele über Heuristik schrieben und redeten. Leider wurde dabei der springende Punkt übersehen: Die heuristischen Denkmethoden führen nur an den Kern des Problems heran. Erfinden oder einen Entschluß fassen ist am Ende der Gedankenkette bei jedem einzelnen eine selbständige Handlung, die vom Charakter, der Ausbildung und der Intelligenz abhängt. Vor allem spart die Heuristik Arbeit, aber sie ersetzt keine Arbeit.

Da aber damals so getan wurde (nicht von seiten Professor Müllers), als ob die Heuristik alles könne, von der Müllabfuhr bis zur Vermeidung ideologischer Mängel, kam schnell die große Enttäuschung.

Wir haben uns nicht beirren lassen und sahen die Heuristik als ein sehr gutes Hilfsmittel an, schneller zu denken, bessere Klarheit über ein Problem zu gewinnen und mit an den Punkt zu kommen, an dem die eigentliche schöpferische Arbeit anfängt.

– *Heuristik erleichtert die Routinestrecke bei Denken.*
– *Heuristik führt schneller an den Beginn der schöpferischen Arbeit.*

Mein Mitarbeiter, Walter Brenner, und ich wollten

eine Vorwärmmasse entwickeln. Sie sollte dazu dienen, bestimmte Stähle, zum Beispiel Rohre für Ölleitungen, vor dem Schweißen vorzuwärmen. Bisher wurde das Vorwärmen mit Gasbrennern gemacht. Dabei wird das ganze Werkstück etwas stärker erhitzt, als notwendig ist. Dann wird der Brenner entfernt, und während der Stahl abkühlt, wird er geschweißt. Diese Gasbrenner wollten wir durch eine Masse ersetzen, in der die Wärme chemisch erzeugt wird.

Als unser Forschungsplan fertig war, sprachen wir ihn vorsichtshalber mit Professor Müller nach heuristischen Gesichtspunkten durch.

Nun bestehen die heuristischen Programme hauptsächlich aus »dummen Fragen«, die man intelligent beantworten muß. Nach einiger Zeit wurde uns auf einmal klar, wie falsch unser Forschungsplan war. Wir wollten die alte Technologie mit dem Gasbrenner beibehalten und nur die Wärmequellen verändern. Der technische Fortschritt wäre zwar groß geworden, aber nicht so groß, wie es möglich war, wenn wir die Aufgabenstellung änderten und die ganze Technologie neu gestalteten. Der neue Hauptgedanke war, die Masse gesteuert so wirken zu lassen, daß die gewünschte Temperatur immer unmittelbar vor der Schweißstelle herrscht. Die übrigen Teile des Werkstückes können in dieser Zeit ruhig kalt bleiben. Das ist eine riesige Einsparung an Zeit und Geld gegenüber der alten Methode, die ganze Schweißnaht auf einmal zu erhitzen.

Nachträglich war es für uns unfaßbar, daß wir

die Problematik zuerst so falsch gesehen hatten. Inzwischen wissen wir aber, wie gering die Wahrscheinlichkeit ist, »einfach so« die richtige Aufgabenstellung zu finden.

- *Etwa 80 Prozent aller Mißerfolge liegen in der falschen Aufgabenstellung begründet.*
- *Selbst wenn die Anwendung der Heuristik einmal nichts nützt, so bringt sie doch keinesfalls einen Nachteil.*
- *Erst wäge, dann wage. (Wahlspruch hanseatischer Kaufleute)*

Wann kommt der richtige Gedanke?

Die Wirkung der Kleidung auf den Geist beweisen die Uniformen, die Kutte, der Priesterrock und bei vielen gar die Livree.
(H. J. Weber)

Ich beschrieb bereits, wie der Gedanke zu meinem ersten Patent in einem Strandkorb entstand. Nun könnte der Einwurf kommen: Gut, dann schaffen wir allen Leuten mit Ideen einen »Strandkorb«, das heißt ein bequemes Leben, und schon werden sie Einfälle am laufenden Band produzieren. Tatsächlich wurde über solche Versuche in den USA berichtet. Es wurde aber bald still um diese Experimente.

Das ist für mich auch verständlich. Man darf ja

nicht nur den »Strandkorb« sehen, sondern auch das monatelange Experimentieren und Nachdenken. Bevor die erlösende Idee kam, gingen harte Wochen voraus. Ohne vorherigen »Streß«, ohne langes Grübeln und ohne fachliche Erfahrung tauchen keine neuen Ideen im Gehirn auf.

– *Eine neue Idee setzt geistige Vorarbeit voraus.*

Die Frage, die mich lange Zeit beschäftigte, lautet: Warum kommen die Einfälle so oft an unpassenden Orten? Am Schreibtisch, bei Versuchen und vor allem bei Besprechungen kommen mir fast nie gute Ideen. Natürlich habe ich auch dort irgendwelche Gedanken, wie etwas funktioniert oder wie etwas anders gemacht werden könnte. Aber diese Gedanken sind – vorsichtig ausgedrückt – guter Durchschnitt. Der zündende Einfall kam und kommt (wenn überhaupt) erst, wenn ich mit Bewußtsein nicht mehr an das Problem denke, im Bett, unter der Dusche, beim Sport oder in einer Sitzung, in der über ganz andere Dinge geredet wird. Mitunter weiß ich die gesuchte Lösung einfach morgens beim Aufwachen.

– *Gute Einfälle kommen bei den unpassendsten Gelegenheiten. Vergiß sie nicht!*

Durch Befragen kam ich dahinter, daß es vielen Kollegen ähnlich geht. Als typisches Beispiel wird oft angegeben, daß einem die richtige Antwort an den Vorgesetzten erst einfällt, wenn man das Chefzimmer verlassen hat.

Die Ideenkonferenz

Die Kritik ist außerordentlich leicht!
Aber das Bessermachen!

In unserem Buch »Ideen muß man haben« gaben wir die Vorschrift für die Durchführung von Ideenkonferenzen nach unseren Erfahrungen.
Die Hauptpunkte waren:

- Ein neutraler Protokollführer lädt ein, gibt das Thema bekannt, erinnert an die Spielregeln und notiert in Stichworten die Vorschläge.
- Jeder sagt, was ihm einfällt, so kurz wie möglich. Begründungen sind nicht erwünscht.
- Widerspruch oder »hämisches Lachen« ist streng verboten.
- Erwünscht ist, Gedanken der anderen weiterzuspinnen.

Nach etwa 15 Minuten liegen immer 20 bis 50 Vorschläge vor. Damit ist die eigentliche Ideenkonferenz beendet, und die Teilnehmer können wieder ihrer sonstigen Arbeit nachgehen. Nachdem der Protokollführer die Vorschläge etwas geordnet hat, legt er sie den fachlich davon Betroffenen zur »wohlwollenden Prüfung« vor.

Der Trick der Ideenkonferenz beruht demnach darauf, Idee und Kritik der Idee räumlich, zeitlich und personell zu trennen.

Diese Trennung ist so fruchtbringend, weil wir von Kindesbeinen an erzogen werden, über alle unkonventionellen Gedanken zu grinsen, und unser Gehirn unwillkürlich ablehnende Sätze mit »ja aber« bildet.

– *Trenne immer die Ideenfindung von der Ideenkritik!*

Ich habe gehört, daß an einigen Stellen der Versuch gemacht wurde, mit 20 oder 40 Personen zwei Stunden lang Ideen zu produzieren. Ein solches Verfahren wird kaum erfolgreich sein.

Als Student hörte ich Vorlesungen bei dem damals berühmten Physiko-Chemiker Eucken in Göttingen. Er entwickelte seine Vorlesungen oftmals aus einer Solo-Ideenkonferenz heraus. Das hörte sich etwa so an: »Stellen wir uns vor, wir hätten eine Kugel. – Sie soll aus Glas sein – braucht aber nicht aus Glas zu sein. – Sie kann aus jedem beliebigen Stoff sein. – Sie könnte auch aus einem Gas sein. – Es brauchte überhaupt keine Kugel zu sein. – Es könnte ein beliebiger, mit irgendeinem Gas gefüllter Raum sein.«

Und dann leitete er die Eigenschaften eines solchen Raumes ab.

– *Man kann auch allein erfolgreich eine Ideenkonferenz durchführen.*

Wie man sieht, ist es Zufall, ob und welche Einfälle im Gehirn auftauchen. Aber welchen dieser Einfälle ich schließlich auswähle, um damit zu arbeiten, ist natürlich kein Zufall.

Wie anregend eine Ideenkonferenz wirken kann, erlebten wir einmal mit einem Fernsehteam, das einen Film darüber drehen wollte. Ein Mitglied des Drehstabes setzte sich zwischen die Teilnehmer der Konferenz, um eine Lücke in der Sitzordnung auszufüllen. Als nachher der Filmausschnitt gezeigt wurde, war der Fernsehmann sehr überrascht, daß er mehrere Vorschläge gemacht hatte. Die »schöpferische Atmosphäre« bei der Ideenfindung hatte ihn gepackt. Er sprudelte Ideen, ohne es zu merken.

– *Ideenkonferenzen wirken mitreißend.*

Das Ergebnis bei jeder Ideenkonferenz sind zwei oder drei brauchbare Vorschläge. Bedenkt man den Aufwand von 10 mal 15 Minuten, so ist das außerordentlich effektiv.

Wie ist Denken lehrbar?

Ganz dumm ist nicht so schlimm
als halb nur aufgeklärt.
(Gleim)

Ich habe bei verschiedenen Gelegenheiten betont, daß Denken lehrbar und lernbar ist. Ein Teil meiner Bücher befaßt sich mit diesem Problem, ohne es immer ausdrücklich zu sagen (denn nichts ist abschreckender als ein erhobener Zeigefinger).

Als ich anfing, öfter in die UdSSR zu reisen, begann ich Russisch zu lernen. Dabei wollte ich vor allem erreichen, mich im Omnibus und in Geschäften verständlich zu machen. Für wissenschaftliche Vorträge hat mein Ehrgeiz nie gereicht. Glücklicherweise fand ich ein Lehrbuch mit Schallplatten. Das Buch begann mit den Worten: »Russisch ist eine schwere Sprache, aber jedes fünfjährige Kind beherrscht sie.« Sinngemäß habe ich stets gefolgert: Denken ist eine komplizierte Sache, aber jedes Kind denkt bereits.

Ich selbst lerne viel aus Beispielen. Da ich annehme, daß es vielen anderen auch so geht, arbeite ich in meinen Büchern und Vorlesungen mit Beispielen (selbst wenn sie mitunter hinken!).

Sehr gefallen mir auch Anleitungen mit einfachen Regeln, einen Denkprozeß zu optimieren. Ich nenne als Beispiel die Lösung von Aufgaben wie: Ich denke mir eine Zahl zwischen 1 und 50. Finde diese Zahl mit möglichst wenig Fragen!

Für mich sind Bücher unbrauchbar, in denen Methoden des schnellen Denkens gelehrt werden sollen, die aber verlangen: Üben Sie täglich eine Stunde nach Plan!

– *Lernen soll Spaß bringen.*

– *Lehren soll Freude machen.*

Natürlich sind Spaß und Freude ziemlich relative Begriffe, und was dem einen gefällt, ist dem anderen ein Greuel. Hier scheint mir wieder die »80-Prozent-Regel« am Platz zu sein. In 80 Prozent aller Fälle soll Lehren und Lernen Freude machen. Dann verkraftet man auch die 20 Prozent langweiligen Dinge.

– *Arbeit soll Freude machen!*

Der richtige Regelkreis

Zwischen Können und Tun liegt ein Meer
und auf seinem Grunde die gescheiterte Willenskraft.
(Marie von Ebner-Eschenbach)

Heute lernen bereits die Kinder in der Schule, was ein Regelkreis ist. Es gibt eine Anzahl mechanischer oder elektrischer Beispiele, an denen die Funktion erklärt wird. In den letzten Jahren mehren sich Veröffentlichungen, in denen gezeigt wird, daß auch menschliches Verhalten als Regelkreis oder, wegen der Komplexität des Lebens, als ein Netz von Regelkreisen beschrieben werden kann.

Mir wurde das Problem des Regelkreises im Hinblick auf den Menschen erstmalig in den sechziger Jahren richtig klar. Ein Schriftsteller besuchte mich damals. Er wollte eine Geschichte über das ZIS schreiben. Natürlich war ich sehr dafür und wollte ihn mit allem, was ich wußte, unterstützen. Aber wir kamen zu keiner Zusammenarbeit. Er ging davon aus, daß das Leben in einem Institut eine Serie von Konflikten wäre. Diese Konflikte müßten zwangsläufig auftreten, wegen der Dialektik der Entwicklung.

Ich war der Meinung, daß Konflikte zwar auftreten, aber nicht zwangsläufig, sondern weil (und das wurde mir im Gespräch klar) das Netz der Regelkreise irgendwo eine Störgröße nicht auffangen kann. Genauso wie es Aufgabe der Ingenieure ist, in einer Fabrik oder einem Fernsehapparat die richtigen Regelkreise anzubringen, halte ich es für die Aufgabe eines Leiters, funktionierende Regelkreise innerhalb einer Organisation zu schaffen.

Störgröße und Regelkreis arbeiten durchaus dialektisch miteinander. Wenn aus irgendeinem Grunde die Regelung nicht ausreicht, ist das schlicht und einfach ein Kunstfehler der Verantwortlichen.

Der Schriftsteller und ich konnten uns über diesen Punkt nicht einigen. Da er ohne Konflikte keinen Roman schreiben konnte, ist bisher kein Werk über das ZIS erschienen.

Für unseren Zweck ist die Frage Regelkreis oder

Konflikte interessant unter dem Gesichtswinkel: schneller denken und schneller handeln.

Streitereien, Grübeleien und Unsicherheiten entstehen in vielen Fällen aus einem überempfindlichen Regelkreis. Ein technischer Regelkreis muß eine bestimmte Trägheit besitzen, damit er nicht ununterbrochen bei kleinsten Abweichungen arbeiten muß. Der Denkregelkreis bedarf ebenfalls einer kleinen Unempfindlichkeit, damit er nicht dauernd arbeitet.

– *Es ist besser, ab und zu über Kleinigkeiten zu stolpern, als dauernd um oder gegen sie zu kämpfen.*

Bei jeder Unterredung oder Tagung kann der »Unwichtigkeitseffekt« auftreten. Nachdem über alle Hauptpunkte Einigkeit herrscht, entsteht schlagartig eine erregte Diskussion über irgendeine Frage.

Da hilft nur, an den überempfindlichen Regelkreis zu denken. Entweder gibt man sofort nach (selbst wenn man sich vorher noch so sehr erhitzte), oder der Punkt wird zurückgestellt (und erscheint am nächsten Tag nebensächlich).
– *Prüfe immer, ob sich ein Streit lohnt!*

Auf die Frage kommt es an

Denn eben wo Begriffe fehlen,
Da stellt ein Wort zur rechten Zeit sich ein.
(Goethe)

Im Mittelalter stritten sich die Fachleute heftig darüber, wieviel Engel auf einer Nadelspitze Platz hätten oder ob Gott einen so großen Stein schaffen könnte, den er nicht heben könne. Wir lächeln heute über die Probleme unserer Vorfahren.

Nun befassen wir uns nicht mehr so sehr mit dem Platzbedarf von Engeln als vielmehr mit technischen Problemen. Aber vielfach scheint mir die Fragestellung heute genauso abwegig zu sein wie vor einigen hundert Jahren.

Der Werkstoff Sprelacart, aus dem Tischplatten und Möbel hergestellt werden, wurde lange Zeit mit dem »Gütebegriff« angeboten, man könne ruhig seine Zigarette darauf ausdrücken. Ist es der Sinn einer Tischplatte, sie anstelle eines Aschenbechers zu benutzen?

In einer westdeutschen Seglerzeitung fand ich eine Reklameanzeige über rutschsichere Teller für Segeljachten. Ein Prüfteam hatte sich sogar drangemacht, den Neigungswinkel zu messen, bei dem die Teller sich selbständig machen (etwa 30 Grad). Soweit ist alles sehr schön. Nur fließt die Suppe auf einem schaukelnden oder schiefliegenden Schiff schon bei viel geringerem Neigungswinkel über den Tellerrand. Die Rutschfestigkeit ist also gar nicht das Problem.

– *Suche nach den entscheidenden Ursachen!*

Zugegeben, die beiden Beispiele sind etwas abwegig. Aber in der Praxis erlebe ich täglich, wie durch falsches Fragestellen das eigentliche Problem verdeckt wird. Und folglich wird auch keine befriedigende Lösung gefunden.

Ein Kombinat stellte Verbindungsstücke für Bohrrohre her. Diese Verbindungsstücke wurden an die Rohre angeschweißt. Gesucht wurde ein geeignetes Schweißverfahren, weil das bisher benutzte die Verbindungsstücke nicht genau zentrisch an die Rohre anschweißt.

Erst nachdem viel Zeit und Geld verschwendet war, kam man dahinter, daß die Fragestellung völlig falsch war. Nicht das Schweißverfahren war das Problem, sondern die Zentrierung durch geeignete Halterungen und Führungen.

Die nächste Erkenntnis war, das Werkstück und die Führung aufeinander abzustimmen.

– *Mit der richtigen Fragestellung möglichst viele Probleme lösen!*

Dabei ergab sich folgender Gedankengang: Die

Abweichungen des Verbindungsstückes von der Rohrachse sind bei gleichem Winkel um so größer, je länger das Verbindungsstück ist. Daher muß das Stück verkürzt werden. Technisch war es möglich, auf die halbe Länge zu verzichten. Dadurch entfielen wieder größere Änderungen an den Halterungen und Führungen.

– *Die richtige Frage führt zu unerwarteten Lösungen.*

Ursprünglich war ein neues Schweißverfahren gesucht. Daraus wurde die Suche nach einer neuen Halterung, und daraus wurde eine Änderung in der Konstruktion des Schweißteiles. Die Konstruktionsänderung erforderte einige Stunden Zeichenarbeit. Gleichzeitig wurden 50 Prozent des Materials eingespart und die Bearbeitungszeit durch Spanabhebung um etwa 30 Prozent gesenkt.

– *Fast jede Frage ist eine Suggestivfrage. Sei daher mißtrauisch!*

– *Die meisten Fragen beinhalten Vorurteile.*

Bertolt Brecht schrieb, es gäbe keine dummen Fragen, sondern nur dumme Antworten. Das mag so sein. Aber es gibt falsche Fragen, die falsche Antworten ergeben.

– *Die meisten Antworten sind nicht besser als die Fragen.*

Die Dialektik im Denken

Luftschlösser kennen keine Grundstückspreise.

In der Theorie können die meisten Studenten fehlerfrei erklären, was unter Dialektik zu verstehen ist. In der Anwendung scheint dialektisches Denken den meisten Menschen Schwierigkeiten zu machen. Es kann auch kein Zufall sein, daß nach zweitausend Jahren europäischer Philosophie erst um 1800 herum die Dialektik als Denksystem entwickelt wurde. Wenn dialektisches Denken so selbstverständlich für unser Gehirn wäre, hätten die Philosophen schon lange vor Hegel ein System daraus gemacht.

Eine Hauptschwierigkeit scheint zu sein, sich zeitliche Abläufe vorzustellen (alles fließt!). Der augenblickliche Stand einer Sache wird meistens sehr genau erfaßt. Doch nur wenige beachten, wie es zu dem Stand kam und mit welcher Wahrscheinlichkeit die Entwicklung weitergeht.

Bei der Einstellung eines Ingenieurs spielt es eine Rolle, wieviel der Bewerber bereits verdient. Das ist natürlich wichtig. Aber wichtiger scheint mir zu sein, in welcher Zeit er vom Anfängergehalt auf sein jetziges Gehalt kam. Das ist ein Maß mit für seine bisherigen Leistungen.

– *Das Werden ist wichtiger als der Zustand.*

Dem mathematisch geschulten Leser ist klar, daß ein Punkt (ein augenblicklicher Zustand) wenig aussagt. Eine Kurve ist schon interessanter. Die erste Ableitung dieser Kurve gibt ein Maß für ihren Anstieg (oder Abfall), und ihre zweite Ableitung gibt Auskunft, ob die Größe des Anstieges sich verändert.

Bei einer Besprechung über Roboter führte ein Minister mit einem gewissen Stolz an, wie viele solcher Automaten bereits fertig seien oder in Kürze fertig würden. Er nannte auch die geplante Produktion der nächsten fünf Jahre (Zustand plus einem kurzen Kurvenstück). Ich rechnete ihm vor, wie viele Jahrzehnte es dauern würde, bis alle seine Betriebe einen Roboter hätten, wenn er von diesen Zahlen ausginge (Verlängerung der Kurve). Daraufhin wurden die Zahlen für die kommenden Jahre erhöht (ein steiler Anstieg der Kurve). Nun war mein nächster Einwurf, daß jeder Roboter wieder Roboter benötigt, die ihn bedienen, die als Ersatz bereitstehen oder seine Produktion weitertransportieren.

Es ist daher nötig, führte ich aus, die Zahl der jährlich erzeugten Roboter um ein solches Maß zu steigern, daß die bereits vorhandenen dabei berücksichtigt werden (Wachstum in der zweiten Ableitung).

- *Es lohnt sich, beim Denken einige Regeln der Mathematik zu beachten.*
- *Das Leben besteht aus Entwicklung, auch die Technik macht keine Ausnahme.*
- *Beachte die Reihenfolge! Stand, Verlauf vorher und nachher, Wachstum, Wachstum des Wachstums.*

Die Grenzen der Vorstellung

Lernen kann jeder durch jeden von jedem.

Die meisten Leser kennen eine Denkaufgabe folgender Art: Auf einem Teich sind 0,1 Prozent mit Seerosen bedeckt. Diese Seerosen vermehren sich täglich auf das Doppelte, also am zweiten Tag nehmen sie 0,2 Prozent ein. Wann ist der Teich völlig mit Seerosen bedeckt?

Rein gefühlsmäßig halten wir den Teich nicht für gefährdet. Aber die Rechnung (eine Zins- und Zinsesrechnung) zeigt: am 10. Tag sind 51,2 Prozent der Oberfläche voller Seerosen. Die Müllverschmutzung der Erde, die Verunreinigung des Wassers sind typische Beispiele für die Folgen eines exponentiellen Wachstums.

– *Die Gleichung $y = 2^x$ ist für Menschen schwer vorstellbar.*

Aber die Entwicklung verläuft trotzdem oft danach. Noch leichter werden Fehler gemacht, wenn der Anstieg einer Kurve negativ verläuft. Die Nahrungsquelle Meer galt vor wenigen Jahren noch als unerschöpflich. Heute sind die Meere leergefischt. Hier wirkten mindestens zwei Exponentialzusammenhänge. Einmal können Fische, die jung gefangen werden, sich nicht vermehren. Daher sank die Zahl der Fische viel schneller, als man nur nach den Fangmengen annahm. Der zweite negative Zusammenhang ergibt sich aus der Nahrungskette. Von jeder aufgenommenen Nahrung werden nur

10 Prozent zum eigenen Fleischaufbau genutzt. 90 Prozent der Nahrung gehen für sonstige Zwecke verloren. Wie man sieht, sind 100 Kilogramm kleiner Krebse notwendig, um 10 Kilo Hering wachsen zu lassen. Daraus entstehen bestenfalls ein Kilo Thunfisch. Wenn diese Kette beim Hering unterbrochen wird, gibt es auch keine Thunfische.

Über Fehleinschätzungen, weil eine Exponentialkurve nicht beachtet wurde, kann sich jeder schnell informieren, wenn er im Kaufhaus ein neues Produkt erwerben will (z. B. ein modernes Kleidungsstück) und ihm statt dessen Ladenhüter angeboten werden.

– *Ein steiler Bedarfsanstieg bedeutet oft einen gleichzeitigen steilen Lieferabstieg.*

In meiner Tätigkeit traten solche Probleme bei alternden Schweißern auf. Schweißen ist, körperlich gesehen, ein ziemlich gesunder Beruf. Er strengt aber psychisch sehr an, weil der Schweißer sich hinter seinem Schutzschild ganz auf den kleinen Lichtbogen konzentrieren muß. Ab dem 40. Lebensjahr läßt die Konzentrationsfähigkeit nach. Irgendwann muß der Schweißer dann seinen Beruf aufgeben (es gibt aber auch 65jährige Handschweißer). Natürlich schiebt er diesen Wechsel möglichst lange hinaus. Die Zahl der 50jährigen, die eine andere Tätigkeit brauchen, ist daher größer als die der 40jährigen. Mit steigendem Lebensalter nimmt die Zahl der Umschüler zu. Es ist aber schwerer, einen 55jährigen neu auszubilden als einen 45jährigen. Nachdem wir dieses Problem erkannt hatten, schufen wir für ältere Schweißer Arbeitsplätze an Automaten und Robotern. Dem stand aber eine Forderung gegenüber, die von verschiedenen Seiten erhoben wird: junge Menschen an die modernsten Maschinen.

– *Ein Eingriff in eine Funktionskette ruft oft in einer anderen Kette Störungen hervor.*

Ein gutes Argument kam damals von seiten der Raumfahrt. Die Kosmonauten waren und sind keine Jünglinge von 20 Jahren mit der höchsten körperlichen Leistungsfähigkeit. Ausgewählt werden Männer von etwa 40 Jahren, weil Erfahrung und Ausgeglichenheit genauso wertvoll sind wie jugendlicher Elan.

Denken in Kausalnetzen

Ein jeglicher, gut oder böse, nimmt sich
seinen Lohn mit seiner Tat vorweg.
(Goethe)

Es gibt einen RGW-Beschluß, der von den Partei- und Staatsführern gefaßt wurde. Nach diesem Beschluß soll für die Planung im RGW möglichst die Zielbaum-Methode benutzt werden. Wir wenden sie im täglichen Leben an, wenn wir in Kausalketten denken. Sie verlaufen nach dem Schema: Wenn ... dann.

Beim Skatspiel heißt es: Wenn ich den Kreuz-Buben ausspiele, dann wirft die Hinterhand die Kreuz-Zehn.

In der Technik lauten solche Sätze in der einfachsten Form: Wenn ich dieses Getrieberad vergrößere, dann läuft der Apparat doppelt so schnell.

Auch die Beispiele im vorhergehenden Abschnitt waren solche Kausalketten: Wenn ich die Heringe abfische, dann sterben auch die Thunfische aus.

Wir sahen aber dort, daß außer der Nahrungskette (Hering – Thunfisch) auch die Nachkommenskette (junge Fische gefangen – keine Nachkommen) wirkte.

Diese beiden Ketten sind miteinander verknüpft. Überhaupt sind einfache Ketten selten, Kausalketten sind hingegen häufig.

Aber gerade im Erkennen und Durchdenken von Netzen treten die größten Denkmöglichkeiten auf.

– *Prüfe immer, ob nur* eine *Kausalkette wirksam ist!*

Vor Jahren mußte ich einen zusammengebrochenen Kran begutachten. In einem solchen Fall wird zuerst geprüft, ob eine äußere Gewalt die Ursache war. Das war hier nicht der Fall. Es waren schon einige hundert Kräne dieses Typs ausgeliefert worden, die teilweise längere Zeit ohne Beanstandung gearbeitet hatten. Der zerbrochene Kran stammte aus einer der letzten Lieferungen.

Der Hersteller versicherte, daß an der ursprünglichen Konstruktion nichts geändert worden sei. Die alten Konstruktionszeichnungen wären auch in Ordnung. Auf sehr dringliche Fragen erfuhren wir dann, es seien »natürlich« im Laufe der Jahre einige Verbesserungen gegenüber der alten Konstruktion eingeführt worden. Als wir uns die Verbesserungen ansahen, war jede von ihnen in Ordnung. Es ließ sich nichts dagegen sagen.

Aber als wir die Wirkung aller Verbesserungen gegeneinander aufrechneten, kam die Überraschung. Alle zusammen senkten sie die Stabilität des Krans und führten zum Zusammenbruch. Zwar war bei jeder Verbesserung über eine Kausalkette nachgedacht worden, aber nie über das Kausalnetz aller Verbesserungen.

Für die Nichtkranbauer noch ein Beispiel. Alkohol in vernünftigen Mengen regt an. Tee in vernünftigen Mengen regt an. Über Kaffee und Nikotin läßt sich ähnliches behaupten. Aber alles gleichzeitig?

– *Lerne, in Kausalnetzen denken!*

Wie die Glühlampe entstand

Genie ist 99 Prozent Transpiration
und 1 Prozent Inspiration.
(Edison)

Als ich mein Buch »Licht und Schatten« für den VEB Fachbuchverlag schrieb, befaßte ich mich mit der Entwicklung der Glühlampe durch Thomas Alva Edison. Die Denk- und Arbeitsweise von Edison scheint mir beispielgebend zu sein. Edison hatte bereits eine Anzahl wichtiger Patente angemeldet, als er im Herbst 1878 (er war nicht ganz dreißig Jahre alt) in sein Tagebuch eintrug:

> Ziel: Alles, was bisher Gas leistete, mit E. nachzuahmen. Gaslicht durch elektrisches Licht zu ersetzen. Beleuchtung so zu verbessern, daß allen natürlichen, künstlichen und kommerziellen Anforderungen entsprochen wird. Bisherige Erfindungen versagten.

Mit bisherigen Erfindungen meinte Edison hauptsächlich die Kohlelichtbogenlampen. Für uns ist bemerkenswert, daß er nicht etwa das Ziel hatte, eine Lampe zu erfinden, sondern daß er ein Programm aufstellte für die Elektrifizierung. Edison begann mit einer Analyse der wirtschaftlichen Umstände. Er untersuchte die Organisation der Gasin-

dustrie und der Gasversorgung. Dabei interessierte er sich besonders für die Kosten.

– *Edison legte sein Ziel schriftlich fest.*
– *Sein Ziel umfaßte ein ganzes Gebiet.*
– *Er vergaß auch die kommerzielle Seite nicht.*

Natürlich lag um 1878 das Problem Glühlampe »in der Luft«. Ein Uhrmacher namens Goebel beleuchtete in New York bereits sein Schaufenster mit einer elektrischen Lampe eigener Konstruktion. Es fehlte auch nicht an warnenden Stimmen, die eine Glühlampe und die Verteilung des elektrischen Stromes in jedes Haus für unmöglich hielten.

Aber Edisons Überzeugungskraft war so groß, daß er einige Bankiers überredete, auf seine noch zu machenden Erfindungen hin eine Firma mit 300 000 Dollar Anfangskapital zu gründen.

300 000 Dollar waren vor hundert Jahren eine stattliche Summe.

- *Wer bisher Erfolg hatte, hat auch Kredit, moralischen und finanziellen.*
- *Edison klärte Finanzfragen gleichzeitig mit dem Forschungsproblem.*

Die eigentliche Hauptarbeit teilte Edison in vier Probleme, die zugleich bearbeitet wurden:

1. Entwicklung einer Stromquelle,
2. Entwicklung eines Glühfadens für die Lampe,
3. Industrielles Erzeugen eines Vakuums in der Glühlampe,
4. Entwicklung und Bau eines Kabelnetzes.

Der erste Punkt war durch die Dynamomaschine von Werner von Siemens bereits gelöst. Edison brauchte nur noch weiterzuarbeiten.

Schwieriger war es, einen Glühfaden zu finden. Er sollte einen hohen elektrischen Widerstand haben, um wenig Strom zu verbrauchen. Daher mußte er so dünn wie möglich sein. Das Vakuum sollte den Glühfaden vor Oxydation schützen und gleichzeitig die Wärmeverluste nach außen vermindern.

Anfangs experimentierte Edison mit Metallen. Er fand aber, daß Metalle Sauerstoff gelöst enthalten und diesen im Vakuum abgeben. Außerdem konnten aussichtsreiche Metalle wie Wolfram (woraus heute die Lampenwendeln bestehen) damals noch nicht bearbeitet werden.

- *Edison teilte sein Ziel in überschaubare Unterziele.*

– *Er erfand nicht alles nochmals, sondern griff auch auf Bekanntes zurück.*

Edison ging daher zu Kohlefäden über. Seine Mitarbeiter holten aus der ganzen Welt etwa 6 000 verschiedene organische Stoffe, wie Wolle, Baumwolle, Kokosfasern, Holzfasern sowie andere zusammen und stellten daraus Kohlefäden her. Es wird berichtet, daß Edison sogar seinem Freund Mackenzie Haare aus seinem roten Vollbart zupfte, um sie in eine Lampe einzubauen.

Schließlich erwiesen sich Fäden aus einer bestimmten Baumwolle als am günstigsten.

– *Nur durch Probieren findet man eine Lösung.*
– *Die Wahrscheinlichkeit einer Lösung wächst mit der Zahl der Versuche.*
– *Schaden kann ein Versuch nie!*

In den Tagen des 21. und 22. Oktober 1879 saßen Edison und fünf Mitarbeiter 40 Stunden lang um eine Glühlampe herum; maßen ihre Lichtstärke und ihre Brenndauer. Nach 40 Stunden wußten sie, daß sie die genannten Punkte 2 und 3 geschafft hatten. Nun fehlte nur noch die Lösung des 4. Problems: der Anschluß von Fabriken, Wohnungen und Straßenlaternen an ein Netz. Dafür wurden noch zwei Jahre benötigt. Aber dann gab es Licht aus der Steckdose zu erschwinglichen Preisen.

– *Edison erkannte das Problem der Zuverlässigkeit und Lebensdauer.*

Das Suchen nach immer besseren Glühfäden wurde noch viele Jahre von Edison (und anderen Glühlampenherstellern) fortgesetzt.
Edison schrieb dazu:

Der Fehler der meisten Erfinder ist, daß sie ein paar Sachen ausprobieren und dann aufhören. Ich höre nie auf, bis ich erreicht habe, was ich will.

– *Man muß auch lernen, was Erfolg ist.*

Die Kunst des Nichthandelns

Was wird aus deiner Faust,
wenn du sie aufmachst?

Ob es die Möglichkeit gibt, nicht zu denken, weiß ich nicht. Niemand ist in der Lage zu überprüfen, was ein anderer Mensch denkt. Man kann nur die Früchte des Denkens erkennen, wenn er seine Gedanken ausspricht oder wenn er handelt.

– *An ihren Früchten sollt ihr sie erkennen.*
(Bibelspruch)

Aber es ist möglich, aus dem Reden und aus dem Verhalten abzuleiten, daß jemand nicht handeln will. Hiervon können wir in zweifacher Hinsicht betroffen sein. Einmal, weil jemand, auf dessen Handeln wir hoffen, nichts tut. Oder wenn wir uns selbst bei Gedanken ertappen, mit denen wir unser Nichtstun rechtfertigen.

Auf Sätze mit »ja – aber« wies ich schon in früheren Abschnitten hin. Sie lassen sich wundervoll modifizieren. Besonders beliebt sind:

– Das haben wir immer schon so gemacht.

– Ob das funktionieren wird?
– Die Amerikaner machen das auch nicht.
– Keine Experimente!
– Und wer trägt die Verantwortung?
– Ist das geplant?

Die Reihe ließe sich endlos fortsetzen.

Natürlich kann man auch die gleichen Sätze andersherum denken oder aussprechen:

– Es wird Zeit für eine Änderung.
– Probieren wir einmal, ob es funktioniert.
– Wir sind die ersten, die es machen!
– Probieren geht über Studieren.
– Mit der Verantwortung werden wir schon fertig.
– Die Sache ist so gut, daß wir sie einplanen werden.

Auch diese Reihe ließe sich fortsetzen.

– *Zu jedem negativen Satz gibt es auch einen positiven.*

Nimm den richtigen!

Wie sehr sich negative Denkweisen auf unser Handeln auswirken, erfuhr ich bei vielen Betriebsüberprüfungen. Wenn mir in einem Werk erzählt wird, warum keine Automaten oder Roboter eingesetzt werden, so kommt bestimmt die Behauptung, es gäbe keine entsprechenden Bauteile zu kaufen. Meine Antwort ist dann immer, man solle mir einmal die Bestellung für diese Bauteile zeigen. Das Ergebnis ist stets gleich: Es liegt überhaupt keine Bestellung vor. Der Gedanke, daß es eine Sache ja doch nicht gibt, reicht aus, um jede weitere Handlung zu unterdrücken. Es wird nicht einmal ge-

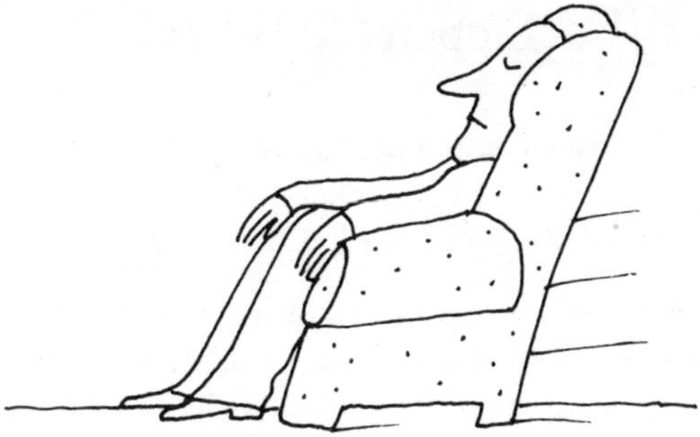

prüft, ob nicht doch Liefermöglichkeiten vorhanden sind. Damit wird eine unheilvolle Kette gebildet. Weil nicht bestellt wird, produzieren die Gerätehersteller nicht oder weniger. Daher sind bestimmte Teile knapp. Damit wird die Erfahrung bestätigt, daß Bestellungen zwecklos sind, und es wird erst recht nichts bestellt usw.

Ein anderes Beispiel für die Mühe, die sich manche machen, um nicht handeln zu müssen, fand ich in verschiedenen Gutachten, welche die Einführung von Automaten betreffen.

Wenn zwischen einem Gerät, das sofort lieferbar ist, und einem, das erst in zwei Jahren geliefert werden kann, zu wählen ist, entscheiden sich die meisten Gutachter für das letztere.

Auf diese Weise haben sie den Zwang zum Handeln erst einmal um einige Zeit vor sich hergeschoben. Natürlich wird diese Entscheidung mit vielen guten »objektiven« Gründen belegt.

– *Fast alles läßt sich begründen – leider auch das Nichthandeln.*
– *Prüfe die Gründe, die eigenen und die fremden!*

Lieben Sie Witze?

Keine Betrachtungsweise kann die bestmögliche sein.

Ich habe mir nie viel aus Witzen gemacht. Selbst wenn man von denen absieht, über die frühestens nach dem sechsten Glas Wodka gelacht wird, fällt es mir schwer, einen Witz gut zu finden oder gar ihn zu behalten.

Der Humorist Roda Roda behauptet, es gäbe nur wenige Grundwitze, und alle anderen wären von ihnen abgeleitet. Er muß es als Fachmann wissen.

Es gibt aber eine Art von Witzen, die mir im Zusammenhang mit schnellem Denken erwähnenswert erscheinen. Es sind die, in denen überraschend der Standpunkt gewechselt wird.

Das hört sich etwa so an:

> Der Professor fragt einen Jurastudenten: »Ist es Ehebruch, wenn ich ein Verhältnis mit Ihrer Freundin anfange?«
> »Jawohl, Herr Professor.«
> »Aber sie ist doch gar nicht verheiratet.«
> »Meine Freundin nicht, aber Sie sind es!«

Nun ist Ehebruch heute wohl kein Delikt mehr, nach dem in einer juristischen Prüfung gefragt wird. Doch die Änderung des Standpunktes wird sehr klar. Der Professor denkt nicht daran, daß er selbst verehelicht ist. Dem Studenten fällt diese Tatsache aber sofort ein.

Beim Bewerten von Arbeitsleistungen wird mir oft erzählt, wieviel Mitarbeiter krank waren oder Urlaub nahmen. Mein Gegenargument ist die Feststellung, wieviel Arbeitsstunden tatsächlich geleistet wurden. Fehlende Mitarbeiter sind keine Basis für eine Leistungsberechnung. Nur die geleisteten Stunden sind eine Basis dafür.

– *Suche den Standpunkt, der Leistungen ermöglicht!*

Auch in der Forschung bringt das Suchen nach einem geeigneten Standpunkt Vorteile. Die Bleche, die zu schweren Bauwerken verschweißt werden, können ohne irgendeine Belastung allein durch ihre inneren Spannungen spröde wie Glas werden. Die US-Amerikaner verloren etwa 1000 Liberty-Schiffe durch diese Sprödbrüche. In Deutschland wurde vor dem zweiten Weltkrieg die Autobahnbrücke bei Rüdersdorf durch einen Sprödbruch in Fachkreisen »berühmt«.

Es gibt auf diesem Gebiet über 100 Prüfverfahren, um das Sprödbruchverhalten des Stahles vorauszusagen. Aber keines dieser Verfahren gibt wirkliche Sicherheit. Die Forschungsstellen aller Nationen haben viele 100 Millionen Mark in Untersuchungen investiert, um sprödbruchsichere Stähle zu entwickeln.

Ohne Frage war es richtig, auf diesem Gebiet zu forschen. Der Erfolg war aber bisher gering. Immer wieder brechen Schiffe oder Brücken auseinander.

Nun gibt es aber auch einen ganz anderen Standpunkt, den man einnehmen kann. Wenn die

Brüche erfahrungsgemäß nur bei dicken Blechen auftreten, muß man statt eines dicken Bleches eben zwei dünne nehmen.

Viele Schäden treten nur auf, wenn zwei oder mehrere Faktoren zusammenwirken. Oft genügt es, einen dieser Faktoren unwirksam zu machen, um den Schaden zu verhüten. In unserem Fall hatten wir die Wahl zwischen Blechdicke und Stahlzusammensetzung.

– *Prüfe, mit wie wenig Aufwand ein Ziel erreicht werden kann!*

Natürlich kann das Beispiel auch umgedreht werden. Oft sind zwei oder mehrere Faktoren für einen Erfolg notwendig. Einer ist vielleicht schon da. Dann braucht nur der zweite (oder dritte) wirksam zu werden.

Mich beeindruckte immer ein Hinweis der Biologen. Tomaten benötigen zum Wachstum Stickstoff, Phosphor, Kali und Kalk, also Düngemittel (Faktor I). Sie brauchen aber auch CO_2 aus der Luft (Faktor II). Dort sind aber nur 0,03 Prozent CO_2 vorhanden. Daher wird der CO_2-Gehalt in Treibhäusern künstlich erhöht, um mehr und größere Tomaten zu erzielen.

– *Suche den Faktor, der sich am einfachsten verändern läßt!*

Bei dem Tomatenbeispiel kann man noch etwas lernen. Bei Entwicklungsabläufen ist immer der Faktor entscheidend, der am langsamsten wirkt. Das gilt in der Biologie, das gilt auch in der Technik. Am besten ist das in der Netzwerktechnik zu erkennen.

Bionik

Ist jemand, der häufig badet, besonders schmutzig oder besonders reinlich?

Ingenieure und Wissenschaftler sind genauso der Mode unterworfen wie die Frauen. Die einen ändern von Jahr zu Jahr die Rocklänge und die Stofffarben. Die anderen schwärmen einige Zeit für EDV, Mikromodultechnik oder irgendeine Denkhilfe.

– *Auch in der Technik gibt es Moden.*

Etwa 1960 wurde der Begriff »Bionik« modern. Sofort gab es Leute, die die »Gunst der Stunde« erkannten und nun Vorträge hielten, wie Entwicklungen aus der Pflanzen- und Tierwelt in die Technik übernommen werden können. Leider stellte sich schnell heraus, daß die Beispiele einfach aus entsprechenden Zeitschriften und Büchern entnommen worden waren.

Ich habe auch den Verdacht, daß die meisten »rückwärts« konstruiert waren. Man nahm eine technische Entwicklung, wie zum Beispiel den Ultraschall, und sagte, das hätten Fledermäuse und Delphine auch. Im Laufe der Jahre wurde es ziemlich still um die Bionik. Ich halte aber den Grundgedanken für gut. Die Frage »Wie löst die Natur dieses Problem oder ein vergleichbares Problem?« ist sehr praktisch.

– *Frage, wie Pflanzen oder Tiere ein ähnliches Problem lösen!*

Falls es darauf eine oder mehrere Antworten gibt, muß unbedingt die Nachfolgefrage gestellt werden: »Ist die Naturlösung auch technikgerecht?«

Wir lösen in der Technik viele Aufgaben mit einem Rad. Räder, Wellen oder gar Zahnräder finden wir bei Tier und Pflanze nicht.

– *Naturlösungen und technische Lösungen können durchaus verschieden sein.*

Als wir unsere Roboter entwarfen, prüften wir, wie der menschliche Arm arbeitete. Arm, Hand und Finger haben über 30 Bewegungsmöglichkeiten, die teilweise gleichzeitig benutzt werden können. Es waren Fälle bekannt, in denen Roboterentwickler versucht hatten, den menschlichen Arm nachzubauen. Wir gingen von der technischen Lösung aus. Für einen Roboter aus Stahl sind Zahnräder, Hydrauliken und Endschalter angemessene Bauteile.

– *Bionik kann helfen, die besten Lösungen zu finden oder die weniger guten auszuschließen.*
– *Nutze alle neuen Denkmethoden, aber vergiß die alten nicht!*

Mitunter helfen bionische Überlegungen auch, den richtigen Maßstab zu finden. Wir hatten eine einfache EDV-Anlage, die wir für die Steuerung von Schweißprozessen einsetzen wollten. Die Fachleute lehnten diese Anlage als zu langsam ab. Sie sagten, der Rechner benötige für eine Korrektur des Schweißvorgangs 50 Millisekunden. In dieser Zeit würde die Schweißanlage etwa 5 Millimeter Naht herstellen. Die Berichtigung käme also viel zu spät.

Mein Mitarbeiter, G. Sobisch, dachte über diesen Fall vom Standpunkt der Bionik nach, obwohl er das Wort in seiner Arbeit nicht benutzte. Er ging von der Reaktionsgeschwindigkeit des Schweißers aus. Wir wissen, daß die Einzelbilder eines Filmes uns als lückenlos erscheinen, wenn die Bildgeschwindigkeit bei $\frac{1}{24}$ Sekunde liegt, das sind 41 Millisekunden. Danach folgt die Reaktionszeit von $\frac{1}{10}$ bis 1 Sekunde und weiter, daß der Schweißer frühestens nach 140 Millisekunden reagieren kann. Dann sind bereits 14 Millimeter geschweißt. Der als langsam verworfene Rechner arbeitete also mindestens drei- bis viermal so schnell wie ein Mensch. Bisher waren alle bereit, die Leistungen des Handschweißers als gut anzusehen. Nun leistete die elektronische Steuerung bedeutend mehr.

Nachträglich erscheint eine solche Rechnung einfach. Man muß nur im rechten Augenblick darauf kommen.

Zufall und Wahrscheinlichkeit

Voraussagen ist immer schwierig,
besonders für die Zukunft.

Es gab lange Zeit Diskussionen, ob der Zufall Platz in einer Planwirtschaft hätte. Mir erschienen solche Auseinandersetzungen nicht sehr sinnvoll. Diejenigen, die den Zufall ablehnten (oder noch ablehnen), übersehen, daß zu jedem zufälligen Ereignis eine in Zahlen ausdrückbare Wahrscheinlichkeit gehört. Mit Zahlen läßt sich aber sofort planmäßig arbeiten.

Die Wahrscheinlichkeitsrechnung leidet in den Lehrbüchern und beim Unterricht unter den Beispielen. Sie sind meistens sehr simpel. Im allgemeinen wird gefragt, wie groß die Wahrscheinlichkeit ist, aus einem Skatspiel den Kreuz-Buben zu ziehen oder so ähnlich. Erst die Möglichkeiten der modernen Rechner führen zu technisch interessanten Beispielen, in denen sehr große Zahlen vorkommen. Die Berechnung von Zuverlässigkeiten elektrischer Bauteile führt schnell zu Aufgaben wie $0{,}99^{80}$, die vor der Einführung der Taschenrechner nur langweilig mit Logarithmen auszurechnen waren oder mit Fakultätsrechnungen ($1 \times 2 \times 3 \times 4$ usw.), die noch zeitraubender sind.

Die Zahlenrechnung von Zuverlässigkeitsaufgaben (die Wahrscheinlichkeit des Versagens wird bestimmt) führte mich zu der Erkenntnis, daß der so einleuchtende Satz »Jede Kette ist so fest wie ihr schwächstes Glied« durchaus nicht immer stimmt.

- *Auch einleuchtende Redensarten können falsch sein.*
- *Ereignisse* können *eintreten, sie* müssen *nicht.*
- *Für das Eintreten eines Ereignisses gibt es eine Wahrscheinlichkeit. Sie ist sehr selten 1.*
- *Erfolg ist ein Ereignis.*

Mit der Zeit habe ich mich daran gewöhnt, die Wahrscheinlichkeit, daß ein Ereignis eintritt, abzuschätzen.

- *Bei Erfolgsschätzungen gibt es ein optimistisches und ein pessimistisches Ergebnis.*

Von der Gesamtauffassung her neige ich zu optimistischen Schätzungen. Es ist aber ein sehr großer Unterschied, ob man davon ausgeht, daß jede Ursache nur eine ganz bestimmte Wirkung hat, oder ob man sagt, es treten immer viele Ursachen auf, gewollte und zufällige, und sie zusammen ergeben mit einer abschätzbaren Wahrscheinlichkeit eine bestimmte Wirkung.

Eine der Konsequenzen dieser Überlegung ist es, auf wichtige Forschungsziele gleichzeitig mehrere Forscher anzusetzen, die unabhängig voneinander auf verschiedenen Wegen arbeiten. Wegen dieser Strategie mußte ich mich oft rechtfertigen, denn sie wird mitunter mit Parallelarbeit verwechselt. Parallelarbeit ist, wenn zwei Gruppen das gleiche Ziel auf gleichem Wege erreichen wollen. Es wurde aber übersehen, daß auch Parallelarbeit eine höhere Erfolgswahrscheinlichkeit hat, als wenn nur eine Gruppe tätig ist. Es ist im Gegensatz zur landläufigen Meinung nicht so sehr die Zahl der

Forscher, die den Erfolg verbürgt, als vielmehr die Zahl der zu untersuchenden Wege.

Die mathematische Seite dieser Probleme beschäftigte mich seit langem.

Seit mehr als zehn Jahren halte ich Vorlesungen und Vorträge über dieses Thema. Die Zuhörer scheinen mir in Beispielen, die ich bringe, zuzustimmen. Doch mir sind nur wenige Fälle bekannt,

in denen sie dann den Mut fanden, in Wahrscheinlichkeiten zu denken. Diese Denkweise widerstrebt den Menschen. Ich habe auch Verständnis dafür, und es gibt auch Fälle, in denen ich sie vermeide. Wenn ich ein Auto besteige, mache ich mir natürlich keine Gedanken, wie groß das Risiko eines Unfalls ist.

Nun gibt es noch eine Art von »unechtem Zufall«. Er hängt mit dem »Aha-Erlebnis« zusammen. Wir sehen zufällig irgend etwas, und schlagartig wird uns dabei ein Problem klar. Aber hier liegt meistens kein echter Zufall vor. Unsere Sinne nehmen eine unübersehbare Menge von Eindrücken auf. Wir registrieren sie nur nicht, weil wir sie gar nicht verarbeiten können. Sobald unser Gehirn eine bestimmte Frage behandelt, bemerken wir plötzlich die damit im Zusammenhang stehenden Dinge, die wir vorher übersehen haben. Hier liegt demnach kein echter Zufall vor.

– *Was unser Gehirn bearbeitet, sehen wir auch.*

Ähnlich wie mit dem Zufällig-Sehen ist es auch mit dem Hören. Obwohl das Angebot der Umwelt für die Ohren bei weitem nicht so groß ist wie für die Augen, werten wir nur das aus, was wir wollen.

Es gab mitunter Perioden im ZIS, wo es beliebt war, sich auf mich zu berufen. Irgendwann in einem Gespräch fragte ein Mitarbeiter mich nach irgendeiner Sache. Natürlich antwortete ich in dieser Angelegenheit. Von dieser Antwort wurde nur das »gehört«, was der Betreffende gerne hören wollte. Mit diesem Teil meiner Antwort berief er sich später auf mich.

– *Wir hören fast immer den erhofften Teil einer Antwort.*

Um meinen Mitarbeitern diesen »Höreffekt« einmal zu zeigen, veranstaltete ich eine kleine Vorführung. Die Belegschaft war im großen Hörsaal des Institutes versammelt. Fünf Personen wurden gebeten, vor der Tür zu warten und nach Aufruf einzeln hineinzukommen. Mit dem Projektor warf ich einen kurzen Text an die Wand. Der Text enthielt etwa 25 Informationen von der Art: *Herr Müller möchte Herrn Meier morgen um 17 Uhr sprechen.* Hierbei sind *Müller*, *Meier*, *morgen* und *17 Uhr* vier Informationen.

Nun wurde der Text gelöscht und der erste, der draußen wartete, hereingerufen. Ihm wurde der Text deutlich einmal vorgelesen. Nun kam der zweite herein, und der erste erzählte ihm, was nach seiner Meinung von diesem Text wichtig war. Darauf kam der dritte, der wieder von Nummer zwei unterrichtet wurde, usw.

Ohne daß die Versuchsperson es merkte, projizierte ich jedesmal den Ursprungstext zum Vergleich für die Zuhörer. Das Ergebnis regte viele zum Nachdenken an, denn die vierte Textwiedergabe hatte weder in Namen noch in Zeiten irgendeine Ähnlichkeit mit dem, was ursprünglich gesagt war. Je nach Charakter, Temperament und Gedächtnisstärke dichteten die Versuchspersonen sich ihren eigenen Text zusammen. Da für keinen von ihnen ein Grund vorlag, den Inhalt zu ändern, und jeder nach bestem Können das Gehörte weitergab, war der Versuch ein schönes Beispiel für die Unzuverlässigkeit der Menschen bei der Wiederholung von Informationen.

Es war auch ein Beweis, daß die Berufung auf die Worte anderer (möglichst einer Autorität) sehr wenig Beweiskraft hat. Schließlich war das Ganze ein Beispiel, wie Gerüchte entstehen.

– *Trau keinem, der sagt, ein anderer hätte gesagt!*
– *Belaste dein Gehirn nicht mit Gerüchten!*
– *Bedenke immer, wie Gerüchte entstehen!*

Hier lag ein gezieltes Experiment vor. Die Teilnehmer konnten sich leicht vorstellen, wie aus »zufällig« behaltenen Satzteilen ganze Geschichten entstehen können.

– *Sei kritisch mit dem, was du glaubst gehört zu haben!*

Das Einfache ist das Siegel der Wahrheit

Leider sind es öfter die Meinungen als die Dinge selbst, wodurch die Menschen getrennt werden.
(Goethe)

Auf Lateinisch besteht dieser Spruch nur aus drei Wörtern. Sie standen in großen Lettern an der Wand des Hörsaales im Physikalischen Institut der Universität Göttingen. Tatsächlich sind alle Naturgesetze von verblüffender Einfachheit. Das gilt für die physikalischen Gesetze an sich als auch für die übergeordneten Prinzipien, nach denen sie ablaufen.

Wenn wir mit unserem Auto gegen einen Baum fahren, so hängen unsere Überlebenschancen weitgehend vom Quadrat der Geschwindigkeit ab, also v^2. Denkbar wäre natürlich auch eine Formel, in der $v^{1,273}$ steht. Doch jeder Physiker, der einen Zusammenhang dieser Art findet, zweifelt erst einmal (und mit Recht) an seinem Experiment.

Ähnlich ist es bei Prinzipien wie: Die Natur strebt den Zustand der geringsten Energie an.

Karl Marx machte das Wesen des Kapitalismus verständlich, als er den einfachen Begriff des Mehrwertes entwickelte.

– *Komplizierte Lösungen sind immer zweifelhaft.*

Natürlich ist die Welt kompliziert. Aber sie ist es nicht wegen der einzelnen Gesetze, sondern wegen der Mannigfaltigkeit, mit der die einzelnen Gesetze mit- und gegeneinander wirken.

Bei einem Autounfall überleben wir vielleicht trotz hoher Geschwindigkeit, weil wir angegurtet sind oder weil in unserem Wagen eine große Knautschzone eingebaut wurde oder weil der Baum sich unter dem Anprall biegt. Jede dieser drei Möglichkeiten läßt sich physikalisch sehr einfach beschreiben.

Ich habe eine Universitätsausbildung genossen, bei der Ingenieurwissen nicht gelehrt wurde. In meinem Beruf benötige ich aber sehr viele Ingenieurkenntnisse. Einen Teil eignete ich mir in Kursen oder aus Büchern an. Besonders schwer fiel mir die Anwendung der Konstruktionslehre auf die Schweißverbindung. Zwar ist im Lehrgang alles gut zu begreifen. Aber da ich den erlernten Stoff nur von Zeit zu Zeit benötige, muß ich mich immer wieder neu einarbeiten. Hinzu kommt, daß es für die gleichen Probleme eine Anzahl Betrachtungs- und Rechenmethoden gibt. Die Ergebnisse der einzelnen Rechengänge brauchen nicht übereinzustimmen, weil die Voraussetzungen verschieden sind.

Durch Zufall (einen Zufall, wie ich ihn im vorigen Abschnitt beschrieb) fand ich in einem Buch über Bootsbau eine Regel über die Beurteilung von Bootskörpern. Sinngemäß stand da: Es gibt Formen am Bootskörper, die man abwickeln kann, und Formen, die nicht abwickelbar sind. Abwickelbare Teile lassen sich als Ganzes verformen und sind dann um ein vielfaches steifer.

Für die Leser ohne Bootsbaukenntnisse übersetze ich das. Eine einfache, gerade Blechplatte (oder ein Blatt Papier) ist bereits eine Abwicklung (z. B. von einem Rohr, das der Länge nach aufgeschnitten wurde). Diese Platte läßt sich leicht biegen. Die Biegezone ist örtlich begrenzt.

Ganz anders ist es mit dem Kotflügel Ihres Kraftwagens oder dem Schutzblech am Fahrrad. Diese Teile sind auf Pressen insgesamt verformt. Man kann sie mit keinem Mittel wieder zu einem geraden Blech zurückwickeln. Sie besitzen (entsprechend dem Satz aus dem Bootsbaubuch) einen sehr hohen Widerstand gegen Verformung.

Ich übertrug nun die Worte des Bootsbaues sinngemäß auf die Schweißkonstruktion. Dann fragte ich alle mir bekannten Konstrukteure, ob sie diesen Satz schon einmal gehört hätten. Ausnahmslos antworteten sie, die Tatsachen seien ihnen zwar geläufig, aber als Formulierung wäre ihnen der Zusammenhang neu.

Seit dieser Zeit betrachte ich Schweißkonstruktionen erst einmal unter dem Gesichtspunkt, ob sie abwickelbar oder nicht abwickelbar sind. Die Unterschiede in der Steifigkeit liegen zwischen den Faktoren 100 bis 1000. Mit dieser Vereinfachung (die wunderbar einleuchtend ist) komme ich bei einer Beurteilung ein ganzes Stück weiter. Es bleiben nur die kritischen Fälle übrig. Da hilft wieder der Taschenrechner.

– *Suche die Verallgemeinerungen!*
– *Sei vorsichtig bei Verallgemeinerungen, auch bei dieser! (A. Dumas)*

Die Arbeitsgebiete wechseln

Kein Gebiet kann sich selbst einschließen.
(A. N. Whitehead)

In jungen Jahren mußte ich mit einigen älteren Professoren zusammenarbeiten. Wenn sie auf ein Problem stießen, dachten sie nicht etwa über seine Lösung nach. Vielmehr überlegten sie, ob sie schon einmal einen ähnlichen Fall gehabt hätten, und dessen Lösung übertrugen sie auf den vorliegenden.

Sie schnitten bei diesem System übrigens nicht schlecht ab, denn früher hatten sie viel überlegt und gearbeitet.

Trotzdem erschien mir diese Methode nur die zweitbeste zu sein, denn für manche Fälle hätte ich eine bessere Lösung vorgeschlagen. Natürlich ist Erfahrung etwas sehr Wertvolles. Man muß sie unbedingt nutzen. Aber sie darf nicht weiteres schöpferisches Denken unterbinden.

– *Erfahrung ist gut.*

– *Erfahrung plus neuem Nachdenken ist viel besser!*

Professor Manfred von Ardenne schlug vor, alle fünf oder zehn Jahre die Forschungsrichtung zu ändern. Ich glaube, wer diesen Vorschlag befolgt, hat Aussichten, geistig länger jung und rege zu bleiben.

Dabei besteht durchaus keine Gefahr, daß die Erfahrungen früherer Tätigkeit beim Wechsel verlorengehen. Die Denkprozesse innerhalb der verschiedenen Gebiete der Naturwissenschaften und der Ingenieurwissenschaften sind praktisch gleich. Auch in der praktischen Handhabung der Geräte und Maschinen sind kaum Unterschiede. Neu ist beim Wechsel hauptsächlich die Betrachtungsweise eines Problems.

– *Auch Spezialisten können ihre Tätigkeitsfelder unbesorgt wechseln.*

Anfangs sah ich in der Schweißmetallurgie hauptsächlich die chemische Reaktion zwischen Draht und Schweißpulver. Nach einigen Jahren wechselte ich auf das Gebiet der Schutzgasschweißung über (ich berichtete davon). Nun mußte ich die Reaktion zwischen dem Metall und dem Gas untersuchen. Alles, was ich bisher wußte, konnte ich gebrauchen. Aber zusätzlich mußte ich viel lernen, um das neue Gebiet zu beherrschen. Als ich dann mithalf, das CO_2-Schweißverfahren einzuführen, begann ich sehr viel vom Gerätebau zu verstehen.

– *Richtungswechsel in der Arbeit macht nie dümmer, aber oft klüger.*

Später kamen weitere neue Richtungen hinzu: Plastverarbeitung oder Konstruktion oder Wärmebehandlung von Schweißverbindungen. Immer wenn ich den Arbeitsbereich wechselte, meldete ich auf dem neuen Gebiet einige Patente an, in denen ich die Erkenntnisse der alten Arbeit auf die neue übertrug.

– *Mit neuen Arbeitsgebieten kommen neue Ideen.*

Übrigens fand der Wechsel nie schlagartig statt. Meistens arbeitete ich noch einige Zeit auf zwei

Gebieten, wobei es durchaus vorkam, daß die neue Arbeit den alten Bereich nochmals mit neuen Gesichtspunkten befruchtete.

Es wäre durchaus zu überlegen, ob unsere Industrie nicht durch einen Plan gezwungen werden könnte, jährlich einen gewissen Prozentsatz völlig neuer Produkte zu erzeugen, die nichts mit der alten Erzeugung zu tun haben dürften. Dadurch würden die Entwickler gezwungen, ihre Arbeitsrichtung zu wechseln. Nutznießer wären ohne Frage die Verbraucher, die ein Angebot völlig neuer Ware erhielten.

Im ZIS erweitern wir jedes Jahr unsere Forschung um neue Gebiete. Da sich die Zahl der Mitarbeiter nicht erhöhen soll (wir halten die jetzige Zahl für optimal), müssen »Ladenhüter« ausgemerzt werden.

Die Wahl neuer Richtungen muß überlegt sein. Das gilt für den einzelnen wie für ein Institut. Falsch ist es wohl immer, in ein Gebiet einzusteigen, das schon »modern« ist und über das eifrig veröffentlicht wird.

Natürlich ist die Versuchung groß, dort zu forschen, worüber bedeutende Männer und große Institute veröffentlichen. Wer das tut, muß aber aufpassen, daß er nicht »versucht, das Weltniveau zu erreichen«, das heißt mit Rückstand anzufangen. Einholen ist immer viel anstrengender als rechtzeitig loszulaufen, das weiß jeder Leichtathlet.

Daher ist es eine Hauptaufgabe, frühzeitig, möglichst als erster, eine neue Entwicklung anzufangen.

– *Einholen oder überholen ist kostspielig.*
– *Frühzeitig mit dem Nachdenken zu beginnen lohnt sich immer.*

1970 erhielten wir aus dem Ausland Nachricht über erste Schweißversuche mit rotierendem Lichtbogen in Magnetfeldern (MBL-Verfahren). Auch bei uns lagen erste Ideen darüber vor. Hier schien ein völlig neues Gebiet zu liegen. Sofort wurden im ZIS die Arbeiten unter Leitung von Doktor Schlebeck aufgenommen. Dabei wählten die Forscher sich als Schwerpunkt die Sektoren aus, an die im Ausland nicht gedacht wurde. Wir konnten einige Jahre Vorsprung erzielen und Lizenzen verkaufen.

– *Wenn du dich entschlossen hast, etwas zu tun, tue es mit ganzer Kraft.*

Als besonders erfolgreich erwies sich, den Grundgedanken dieses Verfahrens zu modifizieren und ihn auf Gebiete zu übertragen, »wo es eigentlich nicht geht«.

Das MBL-Schweißen kann nur mit Rohren (rund oder eckig) funktionieren. Das stand immer fest. Daher schieden Schweißungen an U-förmigen Teilen aus – bis jemand auf den Einfall kam, die freien Enden des U zusammenzubiegen. Schon ließ sich das Verfahren auf U-förmige Teile erweitern.

Ein anderer erfolgreicher Gedanke war, das notwendige Rohr als Hilfselektrode aus Kupfer herzustellen. Dieses völlig neue Verfahren senkte die Schweißzeit an Auspuffteilen in der Automobilindustrie um 90 Prozent.

Schließlich wurde noch der Vorschlag gemacht, dem Rohr einen unendlich großen Radius zu geben, das heißt, es wird zur ebenen Platte. Und tatsächlich gelang es den Forschern um Doktor Schlebeck, Schaltungen zu erfinden, mit denen dieser Vorschlag untersucht werden konnte.

Insgesamt sind die Möglichkeiten des MBL-Verfahrens noch nicht abzusehen.

– *Denke nach, wie ein Gebiet erweitert werden kann!*

Genaugenommen wechselten die Mitarbeiter aber einige Male die Forschungsrichtung. Aus runden Rohren wurden eckige Rohre. Dann wurde gefragt, ob die Verbindung Rohr mit Platte möglich ist (ja). Es folgte die völlig neue Richtung der Hilfselektrode. Zwischendurch untersuchten die Forscher verschiedene Stähle und Metalle auf ihre Eignung.

Wie man sieht, sind das immer neue Gebiete.

Der Erfolg, den die Gruppe erreicht, ist in Mark und in Devisen meßbar. Auch große Industrieländer mit entsprechenden Forschungskapazitäten waren bisher nicht in der Lage, den Vorsprung des ZIS in der MBL-Schweißung einzuholen. Aber natürlich wird der Vorsprung im Laufe der Jahre um so kleiner werden, je »abgegraster« das Gebiet ist. Das ist natürlich und nicht weiter schlimm. Nur muß dann rechtzeitig (das heißt zuerst) auf ein völlig neues Verfahren umgewechselt werden.

Tatsachen und Denken

Ein unerwarteter Gedanke kann der Grundstein zum Erfolg sein.

Mitunter höre ich, wie gesagt wird: Ich plage meine Schüler (oder Studenten) nicht mit Fakten. Die können sie in jedem Buch nachschlagen. Bei mir wird das Denken gelehrt.

Nun bin ich zwar ein begeisterter Anhänger des Denkens. Ich habe in diesem Buch einige Male betont, daß die Methodiken der geistigen Arbeit lehr- und lernbar sind. Doch das ist etwas ganz anderes als das, was der nichtfaktengeplagte Schüler oder Student lernen soll. Ihm soll das Denken oder gar das logische Denken meistens über ein bestimmtes Fach beigebracht werden. Früher war es modern, die lateinische Sprache als Mittel zum Denken zu loben. Ich erinnere mich in diesem Zusammenhang an meine Schulzeit und kann nicht behaupten, im Lateinunterricht außer dem Lernen von Regeln und Vokabeln etwas gelernt zu haben. Dann gibt es Anhänger der französischen Sprache, die deren Studium als Weg zum scharfen Denken empfehlen.

Nun sind meine französischen Fachkollegen bei internationalen Tagungen oft ziemliche Haarspalter. Ob diese Eigenschaft durch ihre wohlklingende Sprache bedingt ist, bezweifle ich. Jedenfalls regte mich das Auswendiglernen der unregelmäßigen Verben nie geistig besonders an.

Neuerdings sollen Schachspiele oder Mathematik den logischen Denkprozeß fördern. Bei näherer Betrachtung bemerkt man aber, wie viele Dinge auch hier auswendig gelernt werden müssen. Ein Schachspieler muß die ersten fünf oder zehn Züge der Eröffnungen mit Variationen auswendig können. Der zukünftige Mathematiker und noch mehr der Schüler (der vielleicht nie im Leben Mathematik braucht) lernen Axiome und Lehrsätze auswendig. Nur der Bruchteil eines Prozentes der Menschen, die Mathematik irgendwann betreiben, kommt jemals dazu, durch logisches Denken etwas Neues zu entwickeln. Das aber sollte doch das Ziel jeden Denkens sein.

– *Auch wenn Behauptungen von Lehrern und Professoren aufgestellt werden, brauchen sie nicht zu stimmen.*

Nach meiner Erfahrung setzt jedes erfolgreiche Denken voraus, daß man über einen reichen Schatz von Tatsachen verfügt. Wer viele Wörter einer fremden Sprache beherrscht, ist ganz einfach besser dran als der mit wenigen Wörtern.

Auch bei Ingenieuren und Wissenschaftlern ist das so. Zuerst einmal sind in der Praxis und im Labor Kenntnisse gefordert. Die Frage eines Arbeiters, welches Ventil er aufdrehen soll, muß sofort beantwortet werden. Der Chemiker im Labor muß von jeder Substanz wissen, wie ihre Zusammensetzung ist und welche Konsequenzen es hat, wenn er sie mit anderen Stoffen zusammenbringt.

Erst wenn ein ausgedehntes Tatsachennetz vorhanden ist, bringt das logische Denken Erfolg. Erst hier tritt der Nutzen von organisierter geistiger Arbeit zutage.

– *Tatsachen sind das Gerüst des Denkens.*

Mir scheint, wir sollten dem Lernenden jedes Alters die Wahrheit sagen, daß Lernen und Auswendiglernen vom Anfang bis weit in den Lehrstoff hinein dasselbe sind. Dabei sollten wir ihm aber zugleich zeigen, wie das Auswendiglernen erleichtert werden kann. Auswendiglernen läßt sich durch Übung schnell verbessern. Es läßt sich auch durch »Eselsbrücken« erleichtern. Geschichtszahlen verlieren ihre Schrecken, wenn sie nach der Methode

Drei drei drei
bei Issos Keilerei

gelehrt werden.

Jedermann weiß, wie beliebt und wichtig der

Mann ist, der bei einer Havarie nach dem Grundsatz »Gewußt, wo« den Schaden behebt. Er hat von der Werkstatt, in der er arbeitet, oder der Maschine, die er untersucht, eine Unzahl von Daten im Kopf. Sie gestatten es ihm, logisch zu denken. Das Denkmuster ist meistens von der Art wie die Anweisungen in Handbüchern über Kraftfahrzeugmotoren. Wenn der Motor nicht anspringt – prüfe, ob Benzin im Tank! Wenn ja – Zündkerze prüfen! Wenn ja – Zündkabel prüfen! usw.

Die Faktoren, die ein Anspringen des Motors verhindern können, muß man auswendig lernen, und zwar in der richtigen Reihenfolge, um ihn schnell zum Laufen zu bringen.

In meiner Tätigkeit mußte ich die DDR viel im Ausland repräsentieren. Wenn man dabei nicht das Gespräch auf das Wetter beschränken will, ist es nötig, die Geschichte und Kulturgeschichte des Gastlandes zur Kenntnis zu nehmen und sich die wichtigsten Ereignisse zu merken. Wer ein gutes Gedächtnis hat, ist hier im Vorteil. Jeder Japaner strahlt vor Freude, wenn ein Europäer bei einem Bild vom Fudschijama weiß, daß es vom Maler Hokusai stammt. Wir haben es ja auch gerne, wenn umgekehrt ein Japaner weiß, wer Albrecht Dürer war oder welche Bedeutung Martin Luther für die deutsche Schriftsprache hatte.

Denken oder Grübeln

Organisiere die Zukunft,
die Gegenwart ist schon vergeben.

So ganz genau kann ich die Grenze zwischen Denken und Grübeln nicht angeben. Aber mir scheint, vom Sprachgebrauch her merken wir den Unterschied. Wenn jemand nachts nicht schlafen kann, weil ihm Gedanken durch den Kopf gehen, so wird er am nächsten Morgen nicht sagen: er habe gedacht. Er hat gegrübelt. Überlegen wir, wie die Gedanken beim Grübeln laufen, so finden wir, daß sie sich irgendwie im Kreis drehen. Es sind immer dieselben Folgen, die durch unser Gehirn gehen. Meistens ranken sie sich um das Wort »hätte«. Hätte er, sie oder ich das oder jenes getan oder gelassen, dann ... Grübeln ist fast immer negativ und unfruchtbar. Es hindert am Einschlafen.

Ich schlafe besonders gut ein, wenn ich beim Zubettgehen einen produktiven Gedanken denke.

Nun ist es sehr einfach, zu sagen, man solle nicht grübeln. Das Gehirn läßt sich leider nicht so einfach abschalten wie eine Nachttischlampe. Zum Glück gibt es aber eine Methode, um eine Gedankenkette zu unterbrechen. Ich fand dieses Rezept in dem Buch des sowjetischen Arztes W. L. Lewi »Vom Umgang mit sich selbst«. Er empfiehlt, vier bis sechs Teile vor sich auf den Tisch zu stellen (Aschenbecher, Vase, Buch usw.). Das Auge soll nun in unregelmäßiger Folge einige Sekunden auf jedem dieser Gegenstände ruhen. Es ist dann einfach unmöglich, zusammenhängend zu denken. Das läßt sich leicht ausprobieren.

– *Grübeln kann unterbrochen werden!*

Wenn ich vor dem Einschlafen ins Grübeln gerate, mache ich das gleiche mit geschlossenen Augen. Ich stelle mir die Möbel des Schlafzimmers vor und schaue sie mir in Gedanken einzeln und in unregelmäßiger Folge mit meinem geistigen Auge an. Auch hier gilt es, sofort den Entschluß zu fassen, das Grübeln zu stören.

– *Nicht erst lange grübeln, sofort unterbrechen!*

Ob es nötig ist, dieses Verfahren zu üben, weiß ich nicht. Bei mir klappte es auf Anhieb.

Nun kann man sich auch beim Denken festdenken. Sobald ich merke, daß der gleiche Gedanke zum zweiten Mal durch das Gehirn schießt, mache ich sofort Schluß und wende mich einem anderen Problem zu.

– *Nicht festdenken, lieber das Problem wechseln!*

Wenn möglich, soll auf eine theoretische Überlegung eine mehr praktische Arbeit folgen und umgekehrt. Wer viel Interessen hat, ist in diesem Fall gut dran. Natürlich braucht auf Arbeit nicht unbedingt wieder Arbeit zu folgen. Eine »Belohnung« in Form eines Spazierganges oder eine Tasse Kaffee ist oft ausreichend, um neue Ideen fließen zu lassen.

– *Keine Einfälle erzwingen wollen!*

Mitunter lasse ich Ideen einfach Ideen sein. Ich notiere den Einfall kurz als Stichwort. Dann verschwindet er sofort aus meinem Bewußtsein, und ich denke vorläufig nicht mehr daran. Aber ich nehme mir vor, den Notizzettel an einem bestimmten Datum zu einer bestimmten Uhrzeit zu bearbeiten.

– *Bei Notizen immer festlegen, wann sie ausgewertet werden!*

Zu dem vorgenommenen Zeitpunkt tauchen zu der Notiz immer noch weitere Gedanken auf, die mein Unterbewußtsein erarbeitet hat.

– *Das Unterbewußtsein arbeitet produktiv weiter, wenn es weiß, daß zu einem bestimmten Zeitpunkt Ideen gebraucht werden.*

Schließlich gibt es zwischen Grübeln und Nachdenken noch einen entscheidenden Unterschied. Wer grübelt, denkt an sich und an »die allgemeine Schlechtigkeit der Welt«. – Er ist sehr allein, denn niemand hat wirkliches Interesse an seinen Grübeleien.

Wer hingegen denkt und vielleicht sogar positiv denkt, beabsichtigt, die Welt zu verändern. Er lernt beim Nachdenken irgend etwas dazu, und wenn es nur die Erkenntnis ist, daß das Ergebnis seiner Bemühungen falsch war.

– *Versuch und Irrtum sind der einfachste Weg zum Erfolg. Wer denkt, langweilt sich nicht, im Gegenteil, er ist voll beschäftigt. Vor allem:*
– *Wer denkt, hat vielleicht Erfolg, wer grübelt, hat bestimmt keinen.*

Bei meinen vielen Reisen zu Lande, zu Wasser und in der Luft ist mir immer wieder aufgefallen, wie wenig Menschen die Reisezeit produktiv nutzen. Man braucht nur einmal zu beobachten, was die Insassen der vielen tausend Kraftwagen machen, die täglich aus allen Bezirken dienstlich nach Berlin über die Autobahn rollen. Außer dem Fahrer schlafen die meisten. Mit zunehmendem Alter fallen mir auch einmal die Augen zu, aber die meiste Zeit arbeite ich im Auto, in der Bahn und im Flugzeug intensiv. Kein Telefonanruf und kein Besucher kann mich in meinem Gedankengang stören, solange der Wagen rollt.

Wenn wir uns überlegen, wieviel leitende Funktionäre reisen und wieviel davon offensichtlich schlafen, wird uns die Unsinnigkeit der Ausrede »Keine Zeit« besonders klar.

Erfolg haben ist Pflicht!

Warte nicht auf andere, fange an.

Dieser Spruch steht im Treppenhaus des ZIS. Natürlich ist sehr viel über ihn diskutiert worden. Kann Erfolg überhaupt zur Pflicht gemacht werden? Was heißt Erfolg? Offensichtlich hat der Erfolg verschiedene Seiten.

Ein Clown hat Erfolg, wenn das Publikum über ihn lacht, aber vielleicht fällt ein Kritiker im Kulturteil der Zeitung über ihn her. Der Mann, der eine Brücke baut, fühlt sich erfolgreich. Aber auch der Agent, der die Brücke sprengt, hat ein Erfolgserlebnis.

Immanuel Kant meinte, daß nichts in der Welt ohne Einschränkung gut sei als nur der gute Wille. Das mag philosophisch gesehen richtig sein, doch wehrt sich unser Gefühl dagegen. Hätten sich die Menschen immer mit dem guten Willen begnügt, so lebten wir noch in der Steinzeit. Ohne Handeln gibt es keine Entwicklung. Die Vorteile, die bei der Entwicklung auftreten, scheinen insgesamt bedeutend größer zu sein als die Nachteile. Selbst die energischsten Verfechter von »natürlichen Lebensweisen« möchten nicht, daß die Durchschnittslebenserwartung der Europäer von rund 70 Jahren auf den Stand von 1880 mit etwa 35 Jahren zurückgeht.

Daß es beim Fortschritt auch unnötige Auswüchse gibt, ist unbestritten.

Vielleicht bleibt für die Bewertung eines Erfolges das Gefühl maßgebend, mit Absicht möglichst niemandem geschadet zu haben und ab und zu nützlich gewesen zu sein (möglichst meßbar nützlich).

Ich hatte nun das Glück, meinen Wunsch, Direktor eines Industrieinstitutes zu werden, in jungen Jahren zu verwirklichen. Meine Erfolgserlebnisse bestehen darin, einen Fertigungszweig durch eigene Erfindungen und organisatorische Leitung gefördert zu haben. Der Erfolg ist in Zahlen meßbar.

Der Weg zur Leistung war das Denken, natürlich neben Wissen und Entschlußkraft. Als Student, als Ingenieur in der Metallurgie und als Direktor eines Schweißinstitutes entwickelte ich

Denkmethoden oder übernahm Methoden anderer Leute. Dadurch konnte ich schneller denken und schneller zu Entschlüssen kommen als viele Kollegen.

Als meine größten Erfolge habe ich immer betrachtet, wenn jemand zu mir kam und sagte: »Sie haben mir geholfen, vielen Dank.«

Inhaltsverzeichnis